社区活动策划理论
与实践教程

宋新伟　刘怡萍　主编

科学出版社

北　京

内 容 简 介

　　本书坚持党的领导、坚持"立德树人"、坚持校企合作原则，突出深圳地方特色，构建较为完善的社区活动策划的知识体系，侧重于理论知识的实际应用，做到理论与实践相统一。

　　本书可作为中等或高等职业技术学校、应用型本科院校社会工作、社区管理与服务、社区公共事务管理等相关专业的学习资料，也可作为社区居民委员会、党群服务中心、社会工作机构、养老院等机构工作人员的阅读材料。

图书在版编目（CIP）数据

社区活动策划理论与实践教程/宋新伟，刘怡萍主编. —北京：科学出版社，2024.2
ISBN 978-7-03-077196-4

Ⅰ. ①社⋯　Ⅱ. ①宋⋯　②刘⋯　Ⅲ. ①社区管理-教材　Ⅳ. ①C916.2

中国国家版本馆 CIP 数据核字（2023）第 242307 号

责任编辑：周春梅　王国策 / 责任校对：马英菊
责任印制：吕春珉 / 封面设计：东方人华平面设计部

科 学 出 版 社 出版
北京东黄城根北街 16 号
邮政编码：100717
http://www.sciencep.com
三河市中晟雅豪印务有限公司印刷
科学出版社发行　　各地新华书店经销
*
2024 年 2 月第 一 版　　开本：787×1092　1/16
2025 年 7 月第三次印刷　　印张：12 1/4
字数：290 000

定价：49.00 元
（如有印装质量问题，我社负责调换）
销售部电话 010-62136230　编辑部电话 010-62138978-2040

本书编委会

主　编　宋新伟　刘怡萍

副主编　周　悦　江芙蓉　王　月　梁　瑜

编　委　邱美丽　冯原硕　游晓庆　袁莉华

前　言

党的十八大以来，以习近平同志为核心的党中央高度重视城乡社区治理工作。2017年6月，《中共中央 国务院关于加强和完善城乡社区治理的意见》印发，这是我国首个关于社区治理的纲领性指导文件，它提出城乡社区是社会治理的基本单元，城乡社区治理事关党和国家大政方针贯彻落实，事关居民群众切身利益，事关城乡基层和谐稳定。2018年4月26日，习近平总书记在湖北省武汉市青山区工人村街道青和居社区考察时强调："社区是基层基础。只有基础坚固，国家大厦才能稳固。""基层党组织担负着领导社区治理的重要职责，要把党的惠民政策宣传好，把社区居民和单位组织好，打造共建共治共享的社区治理格局。"党的二十大报告中提出，健全基层党组织领导的基层群众自治机制，加强基层组织建设，完善基层直接民主制度体系和工作体系，增强城乡社区群众自我管理、自我服务、自我教育、自我监督的实效。可以说，社区作为最基本的社会治理单元，得到了前所未有的关注，也迎来了机遇和挑战。作为社会工作者或即将从事社区社会工作的我们，应如何顺应时代和政策趋势去应对社区多元的需求和复杂的问题，为中国式现代化的实现贡献一份力量？社区活动是目前普遍的在社区开展相关服务或治理工作的一种手段和载体，形式多样、内容丰富。社区活动的有序开展是培育和践行社会主义核心价值观、满足人民日益增长的美好生活需要的有效方式。社会工作者在社区活动中，尽力而为、量力而行，深入群众、深入基层，可以充分发挥社会工作在增进民生福祉、促进社会和谐方面的专业作用。因此，对于社会工作者来说，策划、组织及开展社区活动是基本技能之一，必须牢牢掌握。

本书分为理论篇和实践篇。在理论篇部分，本着"够用为度"的原则，构建了涵盖社区活动基础知识、社区活动相关理论、社区活动策划与实施、社区活动评估等完善的社区活动策划的知识体系；在实践篇部分，本着"实践为先"的原则，立足于深圳先行示范区实际，构建了涵盖深圳社区管理体制、深圳社区服务体系、深圳社区特色活动的实践案例集。理论和实践的结合，可以帮助读者更快、更有效地掌握如何开展高质量的社区活动。

本书坚持"产教融合、校企合作"，以社区活动策划为基础，以企业人才需求为主线，以培养合格的社区活动组织者为目标，旨在为社会工作专业类的学生、工作者在日常学习、日后就业提供社区活动策划方面的参考资料。

本书坚持突出地方特色，编者在编写过程中系统呈现深圳社区服务体系的网络及建设情况。深圳作为中国改革开放的窗口与试验田，40多年来一直发扬敢闯敢试、敢为人先、埋头苦干的特区精神，勇当新时代的"拓荒牛"，创造了工业化、城市化、现代化发展的奇迹。深圳的社区管理体制、社区服务体系、社区服务特色等方面所取得的经验，可以为全国其他社区的发展提供参照。

本书能够顺利出版，得益于整个编写团队的分工协作。在此，感谢深圳市第二职业技术学校相关部门的大力支持，感谢校企合作单位深圳经济特区社会工作学院的鼎力相助，感谢深圳各社会工作服务机构及社会工作者的实务案例支持，感谢聂露、强强、黄吉梅三位伙伴的审稿支持。

目　录

理　论　篇

实 践 篇

理 论 篇

理 论 篇

第1章 认识社区活动

社区工作是社会工作的三大工作方法之一。它在解决社区问题、促进社区建设、提升社区管理以及强化社区服务中发挥着重要的作用。在实践工作中，社区工作常常通过社区活动来达到工作目的。在进行社区活动策划之前，我们需要对社区活动有清晰的认知，知道什么是社区、什么是社区活动。本章介绍社区活动的基础知识。通过本章的学习，可以了解社区的概念、社区活动的概念、社区活动的特征，掌握社区活动的类型，把握社区活动的功能。

🌐 理论学习目标

1. 认识社区及社区活动。
2. 了解社区活动的特征。
3. 掌握社区活动的类型。
4. 了解社区活动的功能。

🌐 实践学习目标

1. 理解我国行政区划中的社区。
2. 区分不同社区活动的类型。
3. 掌握社区活动相关理念在实践中的运用。

1.1 社区活动概述

1.1.1 什么是社区

1. 社区的由来

"社区"最初是一个英译的社会学名词,其原本含义是"共同体和亲密的伙伴关系"。学界一般认为,德国社会学家费迪南德·滕尼斯(Ferdinand Tonnies)最早提出了"社区"这一概念。20世纪30年代初,以费孝通为首的一些燕京大学社会学系学者根据滕尼斯的原意首创了中文"社区"一词。

20世纪80年代,我国从政府层面开始倡导社区建设,在更广泛的场景中使"社区"一词得到了应用,"社区"在我国社会中的地位不断上升,并逐渐成为城市建设与管理中较为普遍的名词。作为社会学基本概念的"社区",被我国社会接纳并被写进官方文件中,已经影响了整个社会结构的变迁,其中蕴含的社会意义是非常深刻的。社区已经成为当今我国规模最大的、覆盖面最广的、可用作社会支持(尤其是对社会弱势群体和经济困难群体)和进行社会动员的组织资源。

2. 社区的概念

社会学家给社区下的定义有很多种,虽然各不相同,但在构成社区的基本要素上的认识是基本一致的,普遍认为:一个社区应该包括一定数量的人口、一定范围的地域、一定规模的设施、一定特征的文化、一定类型的组织。2000年,我国在政策层面给予社区明确的定义,《民政部关于在全国推进城市社区建设的意见》指出:"社区是指聚居在一定地域范围内的人们所组成的社会生活共同体。"这也是目前在正式文件中沿用最多的关于社区的定义。

3. 社区的类型

(1)根据经济结构和人口规模划分

根据经济结构和人口规模,社区可以分为农村社区和城市社区(也称城镇社区)。农村社区人口密度小,村民以从事农业生产为主要经济来源。由于青壮年外出务工,农村社区多存在留守儿童和空巢老人的现象。城市社区人口密度大,居民以从事工商业等非农业生产为主要经济来源,在城市化发展进程中,城市社区包含大量的外来务工人员。在我国社会工作发展之初,大部分社会工作者工作的社区为城市社区,随着近年来我国大力推进乡镇社会工作站的覆盖,不少农村社区也出现了社会工作者的身影,农村社区社会工作发展获得空前的关注。

　　根据住房产权的不同，城市社区又可以细分为城中村社区和商品房社区。城中村社区是指我国在快速城市化进程中，由于城乡土地制度、户籍制度及行政管理制度的差异而形成的特殊社区。城中村社区人口密度大，常住人口多为外来务工人员。城中村社区的住房多为村民自建房或原村委会集资建的房子，社区公共基础设施、居住环境等硬件条件较差。商品房社区是指经政府有关部门批准，由房地产开发经营公司建成后用于市场出售、出租的房屋形成的社区，这类住房一般由专门的物业公司提供服务，房屋规划较为合理，居住条件较好。

　　（2）根据空间特征划分

　　根据空间特征，社区可以分为法定社区、自然社区、专能社区。法定社区也称行政社区，是指为了实施行政管理而人为划定的，有明确的界限，并以法律的形式规定下来的统治区域和社会群体组织，是国家对于基层社会的一种组织形式或管理形式。我国城市社区划分，主要是按照行政区划进行管理的法定社区。自然社区是指在人类生产生活中自然形成的社区，它不受法定社区的限制，在农村多半是指自然村、小集镇，在城市则表现为同一个家属院、同一个居民小区，有的时候甚至可以特指一个街道或一个区。专能社区是指人们专门从事活动而形成的一定区域空间上的聚集区，如一所大学、一个军营、一个矿区等都是专能社区。

　　（3）根据空间关系的不同划分

　　根据空间关系的不同，社区可以分为具体社区和抽象社区。具体社区为居民实际居住的社区，抽象社区多为互联网上存在的社区，如微信群、QQ 群、贴吧、论坛等平台。虽然在一般人眼中，这些所谓的抽象社区已经脱离了实际的区位概念，并不是真正的社区，但从社会学研究视角来看，其具备显著的社区特性，且随着互联网的发展，这些抽象社区在某种程度上极具影响力，香港等地区已有部分社会服务机构将社会工作服务投入到这些抽象社区。

　　除此之外，也有人从实践角度把社区分为单元型社区、单位型社区、地缘型社区、功能型社区等（表 1.1）。目前并没有普遍公认的社区类型划分方法，需要综合各种类型划分来更好地认识社区的不同特点。

表 1.1　社区类型划分

划分维度	具体类型		
经济结构和人口规模	农村社区		
	城市社区（也称城镇社区）	商品房社区	
		城中村社区	
空间特征	法定社区（也称行政社区）		
	自然社区		
	专能社区		

续表

划分维度	具体类型
空间关系	具体社区
	抽象社区
实践	单元型社区
	单位型社区
	地缘型社区
	功能型社区

4. 我国社区的发展

1986 年, 民政部首次把"社区"概念引入城市管理, 提出要在城市中开展社区服务工作。1991 年, 时任民政部部长崔乃夫指出:"社区建设是健全、完善和发挥城市基层政权组织职能的具体举措, 是建立'小政府、大社会'的基础工程。"1998 年, 民政部"基层政权建设司"变更为"基层政权与社区建设司", 社区建设被纳入国家行政职能范围。2000 年,《民政部关于在全国推进城市社区建设的意见》指出, "社区是指聚居在一定地域范围内的人们所组成的社会生活共同体。目前城市社区的范围, 一般是指经过社区体制改革后做了规模调整的居民委员会辖区"。2001 年, 社区建设被列入国家"十五"计划发展纲要。2006 年, 党的十六届六中全会第一次提出了"农村社区"概念, 开始在全国范围内推进农村社区建设。至此, 城乡社区基本可以囊括我国所有社区, 无论是城镇还是农村。那么作为最基层的社区到底属于什么样的行政区划呢?

我国的行政区划由省级行政区、地级行政区、县级行政区、乡级行政区组成 (表 1.2)。社区并不在这四级行政区划范围内, 可见其基层属性, 但城乡社区作为乡级行政区 (街道办、乡镇) 下辖的行政管理区域, 目前被普遍认为是社会治理的最基础单元。

表 1.2 我国行政区划统计 (截至 2022 年 12 月 31 日)

行政区划	具体统计	合计/个
省级行政区	23 个省、5 个自治区、4 个直辖市、2 个特别行政区	34
地级行政区	293 个地级市、7 个地区、30 个自治州、3 个盟	333
县级行政区	977 个市辖区、1 301 个县、394 个县级市、117 个自治县、49 个旗、3 个自治旗、1 个特区、1 个林区	2 843
乡级行政区	8 984 个街道、21 389 个镇、7 116 个乡、957 个民族乡、153 个苏木、1 个民族苏木、2 个区公所	38 602

注: 台湾省的行政区划资料暂缺。

本书对社区的界定以法定社区的定义作为依据, 但在实际开展社区活动时可以灵活地将这种基础组织结构与城乡特征、社会群体聚居特征等结合起来考虑。

5. 我国社区的功能

（1）经济功能和保障功能的融合

对于社区的经济功能的理解有一定的分歧。一些人认为，社区的经济功能是指存在于社区之中的各种经济活动，它们为社区居民提供了就业机会和收入来源，但是这些经济活动不一定由社区控制和经营，主要是市场化的经营方式，社区主要是创造条件吸引各种经济资源到社区中来。但是也有人认为，社区经济特指社区居民可以参与决策管理的各种经济活动，包括社区合作社、社区民主管理的经济体、社区居民举办的市场导向的经济体、社区居民争取的外部经济援助等。本书倾向于认为，社区的经济功能主要在于能够给基层社区居民提供一种场合，让他们参与决策和管理社区经济体，这种社区经济体能够比较稳定地保障社区居民的工作机会和收入水平，尽量免除市场资本带来的风险和剥削。

（2）社会交往和参与功能的选择化

城市社区生活的一个特点就是交通和通信比较方便，人们的流动性也比农村社区强，所以城市社区居民社会交往和参与的空间更大，有更多的选择机会。当前，人们越来越自主地选择自己的社交网络，很多人不再强调城市社区的地域性，而把个人化的社会网络作为社区的一个基本要素。

（3）社会团结和控制功能的弱化

社区的社会交往以及参与网络的选择性和超地域性使社会团结和控制的纽带变得弱化，由传统社区的靠情感和道德维持社会团结走向靠理性和法治来维持社会的分工整合。当然，这并不意味着城市地理社区无法整合，而是说更要靠现代社会的民主方式和理性方式来实现社区的团结和整合，如现在很多社区推行的"社区议事会"就是新的社区团结的形式之一。

（4）社会身份分化和显现功能的强化

社区的社会身份分化和显现功能的趋势是社区间的差异大于社区内部的差异。社区的形成本身具有流动性和选择性，导致社区间的差异比较突出，一个地区可能分化成富人比较集中的高档住宅区、老居民区比较集中的旧城区、外来人口集中的城乡结合社区等。在一个社区内部，社区居民的收入、工作性质和文化教育的同质性增强，从而减弱了成员之间的身份差异。

（5）社会保障和服务功能的外部依赖

社区居民的生产活动具有很强的流动性和风险，加上社区关系较弱，所以社区居民的社会保障和服务功能主要靠体制化的制度和专业，而社区内部的保障和服务功能成为一种补充和辅助。随着社会的不断发展和社区居民需求的不断提高，重新强调把社区发展作为城市基层居民提升个人福利保障的基础。

（6）文化延续和精神寄托功能的多元化

当代社区的文化延续和精神寄托功能表现出多元性和繁荣性，人们可以比较自由地选择自己所喜欢的文化活动和精神追求。既可以是传统文化的继承和创新，又可以是外来文化的吸收和改革，抑或是中外文化的交融和杂合；既有比较灵性的宗教信仰，也有比较世俗的大众娱乐，抑或比较刺激的各种极限体验；既有比较保守的传统文化，也有比较另类的边缘文化形式。可以用后现代的所谓"碎片化、相对化、处境化、拼凑化"等特征来表现城市社区文化的状态。

1.1.2 什么是社区活动

1. 社区活动的概念

我国社会学者赋予社区的含义是进行一定的社会活动、具有某种互动关系和共同文化维系力的人类群体及其活动区域。活动指的是人类为了实现某种目的而采取的行动。学界对于社区活动没有统一的定义，本书所指的社区活动是指为了实现社区发展、居民福祉等目的而组织开展的社区服务行为，如社区运动会、小组活动、居民议事会、社区美食节等。

2. 社区活动的要素

（1）活动场地

活动的开展需要一定的场地，这些场地是社区工作者开展社区活动的物理空间。社区活动一般在本社区内开展，因此活动场地受制于社区面积和基础设施情况。有些社区面积较大，活动场地选择性较大；有些社区面积较小，则活动场地有所局限。不同的地域和气候也会存在不同区域的风俗习惯和居民特点，社区工作者需要根据当地的风俗习惯和居民特点，因地制宜来策划活动。例如，开展残疾人活动要选择障碍物少、空旷的场地；开展大型宣传类的活动则要选择开放的、人流量大的户外场地。

（2）成员要素

社区活动参与成员主要是社区居民，由于年龄、性别、宗教、婚姻状况等情况的不同，不同的成员具有不同的特征。除此之外，不同的社区中，成员也有较大的差异。因此，在策划社区活动时应考虑活动成员的特征，有针对性地设计活动的内容，满足社区中不同成员的需求。有些社区活动是针对某一类型的社区成员的，有些社区活动是面向社区全体居民的，所以要结合活动的目标群体策划活动的具体内容。例如，针对青少年的活动可以集中在寒暑假等假期开展，而针对老人的活动则需要避开接送孩子上下学的时间节点。

（3）物资要素

社区活动的开展需要一定的物资和资金支持，可以说资金的多寡是影响活动质量的重要因素。社区活动的开展一般使用的是政府财政资金或专项经费，为了争取更多的活动经费，社区可以争取爱心企业的捐款和政府公益创投资金的支持。活动开始前，社区工作者需要准备活动所需的所有物资。作为活动的策划者和统筹人，社区工作者需要熟悉整个活动流程，并掌握活动物资的准备情况，以利于活动顺利有序开展。

（4）组织要素

在当前共建共治共享的社会治理格局下，社区组织积极参与到社区各类活动中。社区组织包括正式组织，如社区居民委员会（居委会）、社区股份公司，也包括非正式组织，如社区广场舞队、合唱团等。社区组织在社区中具有不同的组织功能和群众影响力，可以在不同的社区活动中发挥各自的优势，满足不同社区居民的需要，有利于推动多元主体参与社区治理，也能够促进社区资源的整合。善于使用社区组织的力量，能够有效缓解社区工作者的压力，扩大社区活动的影响。

1.2 社区活动的特征

1.2.1 公益性

社区活动主要是为服务社区居民开展的一系列非营利性活动，公益性是其主要特征，主要体现在以下两方面。

1. 不以牟利为目的

大部分的社区活动由政府或基金会资助，一般不向居民收费，极个别的活动会低于市场价收费，少部分的社区活动有些资金来源于企业的捐赠，难免会有企业在社区活动中进行宣传，但要坚持公益性。社区工作者在社区中开展各类活动时，不能以经济利益为首要目的，需要做好经济利益和公益性的平衡。

2. 保障社区居民利益

社区活动所保证的是广大社区居民的利益，而不受社区其他团体的利益影响。简单地说，社区活动是以满足社区居民需要为努力方向的，公益性是不以经济利益为目的的，群众需要的，就是社区活动努力的方向。

1.2.2 多样性

社区活动的参与主体包括社区居民、社区组织、社区工作者。社区居民具有不同的职业、年龄、学历等个性特征，其对社区活动的需求各不相同。除此之外，社区组织、社区居民参与社区活动的目的也不同，这使社区活动呈现出多样性的特点。

1. 活动对象多样

每个社区居民的年龄、籍贯、生活和行为习惯、受教育程度都有所不同，大城市社区中居民多样化的特征尤为明显。因此，社区活动也需要针对不同的居民群体设计不同的社区活动。一般来说，社区活动涉及儿童、青少年、妇女、老人、残疾人、矫正对象、优抚对象、困难家庭、外来务工者等不同的对象。

2. 活动内容多样

随着社会服务专业化和标准化的推进，社区活动的数量和质量都有了较大的提升。社区为了满足居民在各方面的需求，投入了丰富的社区资源到社区活动中，使得社区活动越来越丰富多样，活动内容涉及居民生活娱乐、社区教育、社区公共事务管理、志愿服务等各个方面，包括知识培训、手工制作、文化艺术、体育运动、议事协商、志愿服务、社区融合等。

1.2.3 复杂性

社区活动的多样性使得社区工作者在组织社区活动时，需要考虑和照顾的内容太多，很容易顾此失彼，从而形成了社区活动的复杂性。

1. 人员组织的复杂性

每个社区都有不同的居民结构，每个人的作息时间都不尽相同，社区活动需要组织社区居民参与，就需要考虑到大多数人的作息时间，并且还要照顾到极少数人的时间，需要进行较为复杂的人员组织工作。

2. 活动内容的复杂性

通常社区工作者都希望吸引尽可能多的社区居民参与社区活动，因此在进行活动设计时，会考虑到年龄层次、文化水平、身体状况、兴趣爱好等各方面，这使得活动内容的选择和设计较为复杂。

1.2.4 互动性

社区活动通常不是一个人参与，而是一群人参与，过程中充满了互动环节的设计，且随着居民参与意识的提升，社区治理逐渐由"社区提供服务，居民接受服务"向"居民参与社区共治"转变。比起被动接受服务，居民更愿意主动参与社区活动，社区活动成为社区居民与社区工作者、社区居民之间互动的方式。

1. 互动性是改善人际关系的需要

人际关系是人们在相处的过程中，内心愉悦程度与外在表现高度统一的一种具体表现形式。在社区中，邻里关系是人际关系的一种真实反映。社区活动能够将社区居民聚集到一起，为居民提供相互交流的平台和机会，有利于改善社区居民的人际关系、促进社区和谐。

2. 互动性是增强凝聚力的需要

互动活动是社区文化的一种载体，能够加强社区居民的交流，使具有相似的兴趣爱好、思想性格、经历等的居民会聚在一起产生巨大的凝聚力，在丰富居民生活的同时，营造出互相帮助、互相理解的社区友好氛围。

1.3 社区活动的类型

当前我国居民可参加的社区活动丰富多彩，种类繁多。社区活动大体可以按活动频率、活动内容、活动参与人群等几个维度进行分类。

1.3.1 按活动频率分类

按活动频率分类，社区活动可以分为定期举行的大型活动、日常开展的经常性活动和一次性活动。

1. 定期举行的大型活动

定期举行的大型活动通常是一些节庆活动，如春节、端午节、中秋节、国庆节等节日活动；或者主题宣传活动，如助残日宣传活动、爱眼日义诊活动等。这类活动有具体的时间且有较强的象征意义，能够成为社区的固定活动，丰富社区活动的文化内涵。近年来，各地在推进社区治理创新的过程中也涌现出一些固定时间的社区庆典或主题活动，如深圳的"社区邻里节"、深圳蛇口社区基金会举办的"蛇口无车日"活动、上海的"社区花园节"等。

2. 日常开展的经常性活动

日常开展的经常性活动主要是一些社区居民日常需要的服务类活动，包括儿童的课后托管服务、老人的健康服务等。这类活动具有经常化、多样化、普遍性的特点。

3. 一次性活动

一次性活动是指社区工作者根据上级部门相关要求或社区的实际需求开展的社区活动。通常这种活动可能是基于特殊情况临时决定的，开展完一次之后短期内不会再开展或者再也不会开展，如因社区要修建公园而开展的参与式设计工作坊活动、由于得到某企业赞助而开展的困境长者爱心慰问活动、因社区近期被诈骗案例较多而开展的反诈骗宣传活动等。

1.3.2　按活动内容分类

按活动内容分类，社区活动可以分为社区文化活动、社区体育活动、社区科普教育活动、社区休闲娱乐活动、社区志愿服务活动和社区居民自治活动。

1. 社区文化活动

社区文化活动主要是社区在提升文化氛围和素养等方面进行的实践与探索。常见的社区文化活动有书画展览、书法培训、国学讲座、读书会等。

2. 社区体育活动

社区体育活动主要是为丰富社区居民课余、业余生活，推广健康生活方式，提升全民身体素质开展的体育、健身类活动。常见的社区体育活动包括趣味运动会、棋牌活动、球类运动、户外拓展等。

3. 社区科普教育活动

社区科普教育活动主要是为了社区居民更好地融入与适应社会发展、了解社会变革而开展的科学普及和宣传教育活动。活动形式包括健康咨询与宣传、社区科普图片展览以及各类节能环保、交通安全、卫生饮食、疾病预防等主题的科普宣传等。

4. 社区休闲娱乐活动

社区休闲娱乐活动主要是以个人兴趣为主而开展的群众性娱乐活动，主要包括戏曲、歌舞、棋牌等各类基于兴趣爱好而开展的活动。

5. 社区志愿服务活动

社区志愿服务活动主要是指社区居民利用自己的时间、技能、资源、善心为邻居、社区、社会提供非营利、无偿、非职业化援助的一种爱心活动，如弱势群体探访。

6. 社区居民自治活动

社区居民自治活动是指在社区党委的引领下，社区居民依据社区的实际情况，对涉及公共利益的一些社区公共事务进行协商、决策、管理甚至行动的活动，如社区议事会、社区股民大会等。

1.3.3 按活动参与人群分类

社区活动有些是面向全体居民的普惠性活动，有些是针对特殊群体开展的个性化活动。

1. 普惠性活动

普惠性活动是指在社区开展的面向全体社区居民，并且适合大众广泛参与的活动，如趣味运动、社区嘉年华、美食节等。

2. 个性化活动

个性化活动是指针对社区特定服务对象开展的活动。特定服务对象包括儿童、青少年、妇女、老人等专门群体以及社区矫正对象、优抚对象、社会救助对象、单亲妈妈、病患及其家属等弱势群体，如病友支持小组、探访慰问活动、妇女插花活动等。

1.4 社区活动的功能

社区活动对于满足居民需要、培养社区意识、促进社区成员互动、增强社区凝聚力、提高居民素质、加强社区自治等方面有着明显作用。综合来看，本书认为社区活动有促进社区居民参与、提升社区凝聚力、促进社区资源整合、发掘和培养社区骨干四大功能。

1.4.1 促进社区居民参与

社区居民通过参加社区活动明确自己的问题和需要，与社区管理者、社区居民形成互动，分析社区问题的表征和成因，在这个过程中，社区居民会自由表达、充分交流、相互谅解、与人合作等，提升了参与社区活动的意识和能力。同时，居民在了解社区问题、解决社区问题时，与社区组织、邻里等产生联结，增进了对社区的认识和对邻里的关怀，对社区形成情感认同，增强了居民对社区的归属感，这同样有助于提升社区居民的持续参与和深度参与。

1.4.2 提升社区凝聚力

社区活动为社区居民提供了沟通与交流的平台和机会，社区居民有机会建立良好的邻里关系，这成为重要的社区社会资本。除此之外，社区活动营造了良好的社区文化氛围，社区居民在这种氛围中潜移默化地形成了一致的价值观与生活愿景，促进了社区和谐。

1.4.3 促进社区资源整合

社区活动的开展可以促进各类组织机构的资源进行整合利用，如各级政府职能部门、社会组织、企事业单位等，社区工作者可以联络有关组织资源，优势互补，共同在社区内完成某项活动。除此之外，社区活动也是整合社区内的人力资源的重要方式。在社区活动中，每个居民都可以为社区的发展做出贡献，从而增强主人翁意识。

1.4.4 发掘和培养社区骨干

在参与社区活动的过程中，大多数参与者会得到一定程度的成长和发展，部分参与者甚至会成长为活动的关键人物和社区意见领袖，对社区活动的开展甚至社区议题的讨论起到引领作用。社区工作者可以引导参与意识和能力较强的骨干参与更多社区活动或公共议题的策划、组织工作，提高居民自治能力。

第2章 社区活动的相关理论

社会工作方法的应用离不开理论的指导，社区活动也不例外。专业理论的指导既是社会工作者专业性的体现，也是社区活动目标顺利实现的基础保障。社会工作在发展过程中，深受社会学、心理学等学科的影响，借用了不同学科的理论和研究成果，也逐渐发展出了适用社区工作的理论。本章通过理论介绍、案例分析、应用反思等几个方面，系统介绍马斯洛需求层次理论、社会支持理论、生态系统理论、优势视角理论、资产为本的社区发展理论、社会学习理论及社会互动理论等常见的理论支撑。

理论学习目标

1. 了解马斯洛需求层次理论。
2. 了解社会支持理论。
3. 了解生态系统理论。
4. 了解优势视角理论。
5. 了解资产为本的社区发展理论。
6. 了解社会学习理论。
7. 了解社会互动理论。

实践学习目标

1. 掌握社区活动相关理论的案例分析。
2. 掌握社区活动相关理论在活动策划中的实践应用。

2.1 马斯洛需求层次理论

美国社会心理学家亚伯拉罕·哈罗德·马斯洛（Abraham Harold Maslow）在其 1943 年出版的《人的动机理论》中提出了著名的需求层次理论。这一理论的核心内涵是：一个人只有在下一级需求获得满足之后，才会去追求上一级需求。

2.1.1 理论概述

马斯洛需求层次理论将人类需求划分为五个层次，即生理需求、安全需求、归属需求、尊重需求、自我实现需求（图2.1）。

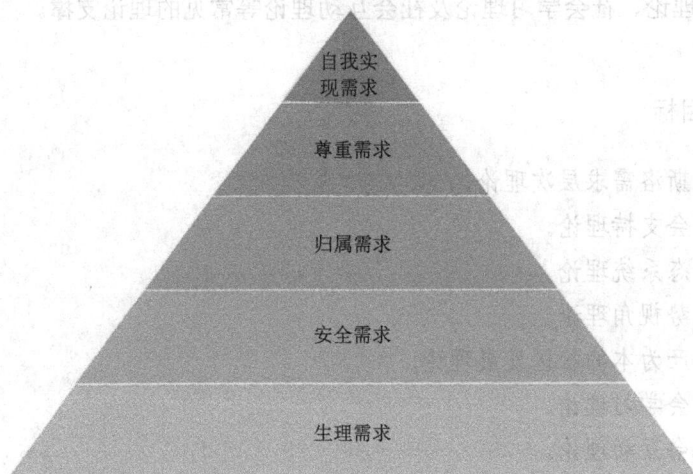

图 2.1　马斯洛需求层次理论

1. 生理需求

生理需求是指人的生理方面的需求，即能满足个体生存所必需的一切需要，如食物、衣服、空气、性欲等。马斯洛需求层次理论认为，人的生理需求是最基本、最原始的需求，只有满足了生理需求，其他需求才能够成为激励因素。人们在转向较高层次的需求之前，总是尽力满足生理需求。例如，通常情况下，一个人在饥饿时不会对其他事物感兴趣，他的主要动力是找到食物。

2. 安全需求

安全需求是指能满足个体免于身体与心理危害恐惧的一切需要，是人类追求安全的本能，包括对人身安全、生活稳定以及免遭痛苦、威胁或疾病等的需求。对许多社区居民而言，普遍的安全需求表现为没有盗抢、没有高空抛物、没有各种水灾和火灾隐患等会危害居民人身安全的状况。

3. 归属需求

归属需求是指能满足个体与他人交往的一切需要，如友谊、爱情、归属感等。人属于感情动物，总是追求彼此的关心和照顾。归属需求包括对友谊、爱情以及隶属关系的需求。感情上的需求往往与人的生理特点、性格、人生历程、教育程度以及宗教信仰有直接关系。当生理需求和安全需求得到满足后，归属需求就会凸显出来，进而产生激励作用。在马斯洛需求层次理论中，这一层次是与前两层次截然不同的另一层次。在社区中，居民也需要得到归属需求，这体现在居民在社区中是否有亲朋好友、是否参加社区团体等正向社会交往。如果居民的这些需要得不到满足，就会影响居民对社区的认同感和归属感，进而降低居民在社区活动中的参与度，降低社区工作的效率和效果。

4. 尊重需求

人们都具有被别人尊重的愿望，尊重需求是指能满足他人对自己的认可及自己对自己认可的一切需要，如名誉、地位、尊严、自信、自尊、自豪等。每个人都希望得到应有而稳定的社会地位，希望获得别人的承认与尊重。有尊重需求的人希望别人按照他们的实际形象来接受他们，并认为他们有能力，能胜任工作。他们关心的是成就、名声、地位。马斯洛需求层次理论认为，只有人的尊重需求得到满足，人才会对工作和生活充满信心，才会对社会充满热爱，才会体验到人生的价值。虽然尊重的需要很少能够得到完全的满足，但基本上的满足就可产生推动力。

5. 自我实现需求

自我实现需求是指实现人生自我价值的需求，属于人类最高层次的需求，是一种创造的需要，包括实现人的愿望和抱负，实现人生自我价值等。自我实现的需要是在努力挖掘自己的潜能，使自己慢慢成为自己所期望的人。马斯洛认为，在人自我实现的创造过程中，产生一种所谓的"高峰体验"的情感，这个时候的人处于最高、最完美、最和谐的状态，有一种欣喜若狂、如醉如痴的感觉。

马斯洛需求层次理论认为，人类的需求按照由低到高不断递进的顺序分为若干个层次。层次越低的需要，强度越大；层次越高的需要，强度越小。只有较低层次的需要得到满足后，较高层次的需要才会出现并要求得到满足。虽然一定程度上这样的说法显得过于机械化和绝对化，但毫无疑问，马斯洛需求层次理论给了我们一种科学分析服务对象需求的理论指导和工具支撑，为后续的服务策划奠定基础。

2.1.2　社区活动实践案例：G社区"四点半课堂"项目

1. 案例基本情况

G社区位于S市的新区，社区人口以年轻人居多，家庭结构以核心家庭居多。通过走访社区，社区工作者发现：社区家庭中的年轻父母大都是双职工，平时照料孩子生活、接送孩子上学的多为家中的爷爷奶奶，但是爷爷奶奶无法辅导孩子的课后作业。社区工作者经常看到孩子们放学后在小区楼下追逐打闹，他们通过随机访谈得知，还有一些孩子放学后喜欢在家里看电视、上网和玩游戏，有时候家庭作业都无法完成。

社区工作者为了更好地了解社区内儿童的需求，采取了个案访谈、座谈会、问卷调查等方法进一步厘清社区儿童的需要，最终得出G社区儿童的需要主要有以下几个方面。

（1）安全的需要

G社区儿童放学后在小区里玩耍，有的儿童没有家长在旁边照看，有的儿童虽然有老人照看，但老人的注意力和反应能力一般没那么强，难以应对突发状况。儿童也缺乏必要的保护性措施和安全意识，对可求助的公共资源也不了解。且近年来，社区儿童意外事故频频出现，儿童安全问题急需重视，可见G社区儿童有较为显著的安全需要，具体体现在儿童课后安全环境的营造、监护人安全保护意识和能力的提升、儿童自身的自我保护意识和能力的提升等。

（2）归属的需要

社区工作者在访谈中得知，G社区儿童的课余活动普遍比较少，也缺乏适合儿童参与的社区活动，社区中也多为独生子女家庭，许多儿童在家庭缺少"玩伴"，在社区也缺乏能与朋辈群体交流的机会和平台，导致儿童在G社区难以与朋辈群体建立正向社交关系，不利于儿童归属需要的满足。

（3）尊重的需要

社区儿童放学后无人督促学习，遇到难题也无人帮助解答，影响了儿童的学习成绩，不利于儿童建立自尊、自信。因此需要帮助他们按时完成作业，提升其学习能力，增强其自尊心和自信心。

基于以上调研的结果，社区工作者在社区开展了"四点半课堂"项目，力求满足社区儿童的多层次需要。

2. 案例分析

"四点半课堂"项目在 S 市应用十分广泛，目的就是解决社区儿童下午放学后无人照看的问题，主要是依托社区党群服务中心场地资源，由社区工作者为社区儿童提供临时性照顾服务。社区活动中心内设有围棋室、书画室、舞蹈室等，社区儿童放学后可以到"四点半课堂"写作业，遇到难题时可由课堂的工作人员解答。"四点半课堂"还设有书法、绘画、围棋、舞蹈等兴趣班，儿童完成作业后可免费参加社区工作者组织的兴趣班。"四点半课堂"在解决社区儿童放学后的托管问题中发挥了重要作用，既满足了社区儿童安全的需要，又满足了儿童归属和学习能力提升的需要，有利于社区儿童的健康成长。

3. 应对反思

即使在同一个社区，"四点半课堂"中的儿童仍然存在不同层次的需要，社区工作者要结合马斯洛需求层次理论，具体分析每一个参加活动的儿童的实际需要，提供个性化服务，结合社区资源，积极链接社会资源，满足社区儿童安全、归属、尊重、自我实现等方面的需求。除此之外，社区活动并不能完全解决儿童的全部需求，更多的归属需求需要家庭来解决。为了避免家长将照护职责全部推给社区，社区工作者要及时与儿童家长联系，鼓励并要求儿童家长参与进来，及时向家长反馈儿童的情况，合力为儿童提供更全面、更完善的照护。

2.2 社会支持理论

社会支持是由社区、社会网络和亲密伙伴所提供的感知的和实际的工具性或表达性支持。社会支持网络是指可以提供社会支持的社会网络，或指一组个人之间的接触，通过这些接触，个人得以维持社会身份并且获得情绪支持、物质援助、服务和新的社会接触。依据社会支持理论的观点，社会支持网络反映的是个人与其生态环境中其他系统之间的关系状态，一个人所拥有的社会支持网络越强大，就能够越好地应对各种来自环境的挑战。以社会支持理论取向的社会工作，强调通过干预个人的社会网络来改变其在个人生活中的作用。特别对那些社会网络资源不足或者利用社会网络的能力不足的个体，社会工作者致力于给他们以必要的帮助，帮助他们扩大社会网络资源，提高其利用社会网络的能力。

2.2.1 理论概述

"社会支持"概念最早源于社区心理学的研究，用于分析与生理和心理健康有关的社会关系。研究发现，社会支持可以缓和生活压力对生理或心理健康造成的冲击。个体是社会网络中的一员，在社会网络中，个体能感受到被他人关心、获得尊重和归属感，且社会网络成员共同承担责任。该理论同时提出，在社会支持的提供者与寻求者之间，以语言及非语言的沟通方式传递这些关心、尊重和归属感。一般来说，影响个人社会支持程度的因素主要有发展因素、个人因素、环境因素三类。

1. 发展因素

从发展的观点来看，个人对关系的观感是个人的内在特质和外在环境交互作用的结果。从发展的观点来看社会支持，其关键的问题在于个人过去的经验如何影响其今后的社会生活。进一步从治疗的角度来看，则在于如何改变个人过去生活中的负面经验或弥补个人生活经验的不足，以改变个人生活中所出现的问题。

2. 个人因素

个人因素主要是指个人的人格因素，包括自尊程度、社会性和控制场域对发展和使用社会支持的影响。一般来讲，低自尊对于建立关系是一个不利的因素，而高自尊者可能获得较高的社会支持。一个对自我评价高的人，更容易被人们接受，因而可能获得更多的社会支持。社会性高者倾向于利用更多的社会资源以满足自己的需求，因此就可能建立更广泛的社会支持网络；而自主性高者则倾向于自己解决问题，利用社会资源网络的倾向不高。

3. 环境因素

环境因素在个人的社会支持网络形成中的作用体现于不同类型的生活环境。在开放的社会环境中，个人更容易建立起社会支持网络，也更倾向于利用社会支持网络。在封闭的社会环境中，个人对社会支持网络的利用就会相对减少。

总的来说，发展因素、个人因素以及环境因素对个人社会支持网络的形成有重要影响。对于每个人的社会支持网络的形成来说，这三个因素会有不同的组合，因此导致每个人的社会支持网络都是不同的。每个人对社会支持网络的利用也是不同的，因此最终社会支持网络对于个人的意义是什么，还有赖于个人对社会支持网络的认知与运用。

2.2.2 社区活动实践案例：M 社区独抚母亲（单亲妈妈）支持计划

1. 案例基本情况

M 社区属于老旧社区，居住环境较差。由于外来人口较多，社区邻里关系较为淡漠，社区工作者从居民信息表上了解到社区有十几户单亲妈妈。为了更好地服务这些单亲妈妈和她们的孩子，社区工作者开展了前期的需求调研，发现单亲妈妈面临的需求主要包括以下几个方面。

（1）心理疏导

单亲妈妈抗风险能力弱，缺少安全感，对未来感到焦虑，需要提供情绪疏导和支持。

（2）经济支持

单亲妈妈家庭收入较低，需要一个人抚养孩子和老人，无法得到足够的抚养费支持，需要提供经济支持或法律援助。

（3）子女教养指导

单亲妈妈对孩子有愧疚感，无法独自承担照顾子女的重任，需要学习单亲家庭养育知识。

（4）社会支持

社会对单亲妈妈存在偏见，她们在婚恋、就业等方面感受到歧视，需要社区营造宽容和支持的氛围，提供群体性的支持，帮助单亲妈妈们抱团取暖。

社区工作者经过前期的需求调研，结合社区的工作要求，策划开展了为期两个月的M 社区独抚母亲（单亲妈妈）支持计划，即单亲妈妈支持小组活动。小组活动以"单亲妈妈支持"为主题，共六期，分别从相互认识、心理疏导、亲子活动、正面教养学习、职业规划、展望未来等六个方面对单亲妈妈给予支持，帮助社区的单亲妈妈们建立相互支持、相互守望的互助网络，共度困难时刻。

2. 案例分析

该案例中，社区的单亲妈妈们通过参加小组活动，获得了社区工作者和其他组员的支持。社区工作者通过链接资源，为单亲妈妈们提供了就业求职等信息资源和心理咨询专业服务，帮助她们疏导心理压力，获得新的就业机会，提高了其抗风险的能力。同时，小组活动为单亲妈妈们提供了相互交流的机会，她们具有大致相同的遭遇，可以相互理解、相互支持，从而形成了一个良好的可持续的社会支持网络。

3. 应对反思

社区工作者的时间和精力有限，无法单独解决所有居民的问题，但可以采用小组活动的方式来解决某一类群体的共同问题。本案例就利用了小组活动的优势，充分利用社区资源，帮助社区中具有共同需求的单亲妈妈群体，激发了群体内部的相互支持的力量，这种活动的效果比个案工作的效果更好。一个人所拥有的社会支持网络越强大，就能够越好地应对各种来自环境的挑战。对于单亲妈妈们来说，相对于一对一的个案服务，她们更需要来自群体的支持和尊重。

社区工作者应注重发掘社区中需要扩大社会网络资源的人群，特别是各类弱势群体，他们都具有社会网络资源不足、利用社会网络资源不足的特点，应该在社区活动中多为这类人群提供社会支持。

2.3 生态系统理论

生态系统理论是美国的心理学家布朗芬布伦纳（Bronfenbrenner）提出来的，他认为个体的发展是在家庭、社区和国家构成的多元背景中进行的，受到不同层次系统的影响。社会工作学界把社会生态系统理论简称为生态系统理论，生态系统理论是社会工作的重要基础，是用以考察人类行为与社会环境交互关系的理论。

2.3.1 理论概述

生态系统理论把人类成长生存于其中的社会环境看作是一种社会性的生态系统，强调生态环境（人的生存系统）对于分析和理解人类行为的重要性，注重人与环境间各系统的相互作用及其对人类行为的重大影响。该理论的主要观点如下：人生来就有与环境和他人互动的能力，人与环境的关系是互惠的，并且人能够与环境形成良好的关系；个体的行动是有目的的，人类遵循适者生存的原则，个体生活的意义是环境赋予的，要理解个人就必须将其置于环境之中；个体的问题是生活过程中存在的问题，对个体问题的理解和判定，也必须在其生存的环境中进行。

生态系统理论将人与周围的环境，如家庭、学校、单位、机构、社区、政府等看作一个生态环境系统，个体生活在其中形成一个完整的生态系统。这种社会生态系统分为三个层次，分别是微观系统、中观系统和宏观系统（图2.2）。

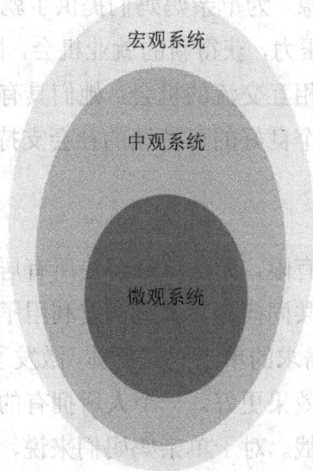

图 2.2　生态系统理论

1. 微观系统

微观系统是指个体直接接触的环境，这个环境是不断变化发展的，包括影响个体的生理、心理和社会等子系统，如个人的家庭。微观系统是最核心的系统。

2. 中观系统

中观系统是第二层系统，是指对个体有影响的小群体，包括朋辈群体、学校、单位等。个体的行为会受到中观系统的影响，如学校对个人的行为及其世界观、人生观、价值观的塑造都有很大的影响。

3. 宏观系统

宏观系统是相较于中观系统而言更大的社会系统，即整个社会体系或社会文化大环境。个体生活在层层系统之中，个体的行为、思想在潜移默化中受到不同层次系统的影响。微观系统中的家庭成员之间的关系、家庭教育形式、家庭氛围都影响着微观个体，中观系统中学校的教育理念、培养模式也影响着微观个体，宏观大环境下的社会风气、社会文化氛围等因素都影响着微观个体的一言一行。同时，微观个体的行为也对这些系统发挥着重要的作用，二者相互影响。

在生态系统理论视角下，社会生态系统将人与社会环境相融合，构建出一个具有社会性的生态系统。在这个系统中，个体与环境相互影响，彼此联系，形成关系链。生态系统理论重点强调人与环境之间各系统的相互作用以及环境对人的重要影响，强调人与环境之间的和谐关系，是社会工作中的重要理论之一。在这个理论指导下，社会工作的主要目标是通过对人与自然和社会环境间的功能失调的处理来加强人们适应环境的能力，并影响环境，以使人与环境的互动更具适应性。

2.3.2 社区活动实践案例：L社区失业人员再就业小组活动

1. 案例基本情况

L社区为城中村改造而形成的单元楼居住形式的社区，住户众多，多为周围工厂的工人。2021年，工厂经营困难，效益不佳，缩减用工成本，不少工人因此失业。社区工作者了解到，很多家庭夫妻双方都失业了，失去工作后，家庭关系出现问题，亲子关系也趋于紧张。

失业人员面临的需求如下。

（1）经济支持

失业人员承担了养家糊口的重担，急需获得一些失业保险的福利政策或新的就业信息，以缓解经济压力。

（2）家庭关系指导

失业人员由于压力大，容易出现情绪失控、将负面情绪转移到家人身上等情况，需要情绪支持和疏导，学习非暴力沟通方法，以改善家庭关系。

社区工作者策划开展失业人员再就业小组活动，帮助失业人员重振生活的信心，共渡难关。小组活动的主题为"失业人员再就业"，共开展了六期不同分主题的小组活动，分别是认识彼此、就业技能培训、招聘信息分享、家庭关系重建、现场招聘会、展望未来。

2. 案例分析

国家和社区是一个大社会系统，个人和家庭是这个大系统中的子系统。社区工作者帮助失业人员适应社会大系统，了解国家有关下岗、失业人员的政策，了解社区的福利政策等，同时在小组中为失业人员提供重建家庭关系的技巧，帮助其回归家庭这个系统。此外，还提供就业资讯、职业技能培训、链接企业资源并组织社区招聘会，帮助失业人员重新回到社会系统中去。

3. 应对反思

从生态系统理论的视角看，要从整合的角度看待社区居民的问题，有时候社区居民出现的问题并不只是个体的问题，更是整个社会的问题。失业人员的背后折射出的是整个社会在经济发展这一社会大环境下出现的结构性问题，社区工作者要将个人、家庭、社会相结合，整合系统内的资源，形成合力，以解决社区居民面临的问题，使各个系统之间形成良性的循环。

2.4 优势视角理论

优势视角理论的概念框架是基于对缺陷模式的反思建构起来的，它的核心是对服务对象的优势和资源的洞察，即社区工作者所应该做的一切，在某种程度上要立足于发现、寻求、探索及利用案主的优势和资源，协助他们达到自己的目标，实现他们的梦想。这一视角强调人类精神的内在智慧，强调即便是最可怜的、处于最弱势地位的人都具有内在的转变能力。概括地说，"优势视角"就是着眼于个人的优势，以利用和开发人的潜能为出发点，协助其从挫折和不幸的逆境中挣脱出来，最终达到其目标、实现其理想的一种思维方式和工作方法。优势视角超越了社会工作的传统理论模式，其关注点在于个案的优势、潜能和成绩，这一突破在社会工作领域具有"范式革命"的意义。

2.4.1 理论概述

优势视角理论认为人是能够改变的，每个人都有尊严和各自的价值，都应该得到尊重。优势视角理论的主要理论框架包括以下七点。

1. 优势

在优势视角理论看来，几乎所有的事物都包含优势，包括体验、个人品德、天赋、感悟、故事、灵性、意义和社区资源。首先，人们挣扎于困境时，总能从自己、他人和环境中获得某些东西。无论外在事物有害还是有益，人们都可以在反复尝试中获益。其次，人们拥有的个人品质、特征和美德也是优势，它们可以在困境中形成。最后，人们的天赋是惊人的，重要的是得到发掘和展示的机会。

2. 增强权能

为了发挥人们和社区的内在能力，我们必须推翻和抛弃歧视性标签，为家庭、机构和社区资源的链接提供机会，让受害者远离这种思维定式，信任人们的直觉、陈述、观点和精神，确信人们的梦想。增强权能的目标需要社区工作者和社区居民对民主充满信心。它需要我们去解决紧张和冲突，去挑战压制社区居民的机构和群体，帮助社区居民从压制中解放自己。社区工作者应该避免不自觉地以父爱主义的姿态向社区居民提出各种标准和要求。从优势视角可获得另外一种态度和承诺，即居民和社区的优势是可以再生、发展和扩展的资源。

3. 成员资格

优势视角承认社区居民和所有社区管理者一样，是同一类成员，并享有与成员身份随之而来的自尊、尊重和责任。所以成员资格是一种身份、一种权利、一种参与的机会和责任。很多时候，社区居民没有归属感。成为成员享有参与权和责任、保证和安全等特征是增强权能的第一步。成员资格的另外一个意义在于人们必须走到一起，让他们的声音被听到、需要得到满足、不公平受到重视，从而实现他们的梦想。

4. 抗逆力

越来越多的研究和实践证实，人们在遇到严重麻烦时会反弹，居民和社区可以超越和克服严重麻烦的负面事件。压力事件并不一定导致伤害、适应失败和精神问题，更有可能激发抗逆力。需要强调的是，抗逆力并不是对困难和伤痛的忽视，也不是对生活中痛苦的天真忽略，它是一种面对磨难的抗争能力和适应能力。伤痛是真实发生的，对许多人来说，伤痛还在，然而这样的经历对他们却具有指导意义，使得他们日后面对类似困境时有更多强大的能量。

5. 治愈和整合

治愈意味着整合和调动身体与心灵的机制去面对障碍、疾病和断裂。治愈也需要个人与社会物理环境之间建构良性关系。人类机体的自我治愈能力在人类的心理、精神生活中也同样有完美的表现。这种自我治愈能力挑战了"只有专家才知道怎样帮助服务对象"的说法，以及治愈和转变都是外界因素影响的疾病模式。

6. 对话与合作

人类的存在有赖于与他人有意和无意的联系。人们可以从对话中确认别人的重要性以及弥合个人、他人和制度之间的裂缝。对话需要有同理心、对他人的包容和认同。合作是指社区工作者与社区居民一起工作，成为社区居民的代理、顾问，与他们一起营造有利于社区居民的家园环境。

7. 悬置怀疑

专业人士总是以不同的方式表现自己的专业权威，这就常常将服务对象置于不合作、不友好的位置。在权威意识的唆使下，社区工作者会不自觉地将自己的理论、价值观强加给社区居民，以特定的诊断语言或以疑问的方式进行评估，怀疑社区居民的诉说和判断，以一种父爱主义的姿态关怀服务对象。这些都是社区工作者对社区居民的怀疑。优势视角理论要求社区工作者悬置这样的怀疑，真正从信任社区居民的角度出发去建构专业关系。

2.4.2 社区活动实践案例：Z社区"老有所学，老有所为"书法培训活动

1. 案例基本情况

Z社区是一个老龄化倾向比较明显的社区，社区工作者走访发现，社区老年人平日闲暇时间较多，但是无事可做，只能通过打麻将、聊天消磨时光，社区的文娱活动和文化氛围不足。社区工作者进一步了解到，一部分老年人有书法、绘画方面的特长，但是没有展示的机会，其他没有特长的老人则希望社区能组织一些文化学习活动以打发时间。基于此，社区工作者特在社区固定场所举办"老有所学，老有所为"免费书法培训交流活动，邀请擅长书法的老年人固定每月为社区其他老年人免费授课四次，且开辟了专门的书法交流展示空间，供社区老年人进行个人作品的交流展示。一方面运用优势视角，发挥部分老年人的特长优势，展示老年人的特长，激发老年人的发展潜能；另一方面搭建社区老年人交流平台，扩大其社会支持网络，营造老年友好型社区。

2. 案例分析

从优势视角理论来看，社区老年人在退休之后仍然有许多优势，一部分老年人有书画、乐器等方面的特长，而且有大量的闲暇时间参与社区活动，尤其适合参与需要长时间坚持的社区活动。该社区找准了老年人群体背后的这一优势，相互贯通，使整个社区活动开展得比较顺利，服务对象的投入度也比较高。该社区活动主要为满足社区老年人的精神文化需求，活动中能够积极引导社区老年居民秉持平等、尊重的态度，共同欣赏书法作品，共同进步，在培训活动期内形成良好的书法学习氛围和社区交往关系。

3. 应对反思

老年人在退休后参与社区活动的积极性非常高，他们在心理和社会处境方面具有特殊性。一方面，他们在心理上还没有完全适应退休状态或者接受自己正在逐渐老去的现实，认为自己身体健康，并不是外界所认为的需要人照顾的老年人；另一方面，退休前后中老年人的社会交往系统发生剧烈转变，以往的同事突然退出了生活交际圈子，而退休后的人际交往圈尚未形成，一时之间社会交往系统的剧变使退休的中老年人无法适应。部分中老年人出现了退休后生活适应不良的情况，一般表现为焦虑、容易暴怒、自怨自艾、性格多变、拒绝交往等。因此，退休后中老年人存在极大的归属、尊重和自我实现等需求。

提起"老年人"，人们通常会第一时间想到老年人身体机能退化、性格思维固化、跟不上时代节奏变化等负面标签，但实际上老年人从过往岁月的经历中沉淀下来的晶体智力、社会资源、个人技能特长以及退休后时间充裕等都是老年人的优势，社会工作者应充分挖掘和发挥老年人的特长和优势，在丰富其退休后精神文化生活的同时，引导其积极参与社区活动和社区公共事务以提升自我效能感。同时，要帮助老年人重建退休后的社会交际圈，完善老年人的社会支持系统，充分利用老年人闲暇时间充裕的优势开展活动。

2.5 资产为本的社区发展理论

2.5.1 理论概述

最早提出资产为本的社区发展（asset-based community development，ABCD）模式的是美国西北大学的教授，在 1993 年出版的《社区建设的内在取向：寻找和动员社区资产的一条路径》一书中，他们首次提出了"资产为本的社区发展模式"这一概念，资产为本的社区发展模式随后在美国被广泛推广。

资产为本的社区发展模式,是以社区资产或社区强项/能力为介入重点,提倡运用"资产镜片"或"能力镜片"去了解社区。资产为本的社区发展模式强调所有社区居民、不同身份者、整个社区都拥有各自的潜能及专长,可为自己、别人、家庭甚至整个社区做出贡献。这是一种积极正面的视角,重视发展其优点、潜质。在本质上,以资产为本的社区发展模式是社区居民发现、评估和调动社区内所有的本地资产,推动社区发展的过程。这种理念的出现为社区工作提供了新的思路,并带来了新的活力。

1. 资产为本的社区发展理论在社区发展理念上的启示

资产为本的社区发展理论批判了传统的社区需求或社区缺失的取向。在传统的取向视角下,外来机构倾向于把社区看作是一个存在问题和需要的综合体,大大忽略了社区的潜在优势和资源,所以在这种分析视角下延伸的社区发展介入方式会减弱社区的建设能力,甚至会给社区带来毁灭性的灾难。资产为本取向代表着社区发展模式的转换与实践创新,从强调社区的需求与问题转向建设社区的能力与优势。社区资产是资产为本社区发展的内在动力。所谓社区资产,是指社区中的个人、组织与机构及其所拥有的天赋、技巧和能力等,在社区发展过程中,这些资产往往是被忽视的因素。

根据资产为本的社区发展模式,社区资产可分为以下几大类。

① 个人资产:包括技术才能、知识、经验、地位、财富以及能动员社会关系。

② 组织资产:包括学校、政府、银行、非正式组织、兴趣团体等拥有的人力、物力、财力和影响力以及其拥有的政策资产等。

③ 文化资产:包括民风民俗、传统节日、语言文字、宗教信仰、约定俗成的社区规范等。

④ 自然资产:包括山川河流、基础设施、社区建筑、公共场地等。

这样的资产分类方式使得社区工作者在进入社区开展社区调研和分析时,拥有了更加科学和实用的分析工具。目前,随着资产为本的社区发展模式被越来越多人认可,资产分类方法也得到了发展。例如,我国台湾普遍采用五大分类法,即认为社区资产可划分为"人、文、地、景、产"五大类;大陆有个别地区在台湾的基础上使用六大类划分法,增加了"治"这一类别。无论是哪种分类方法,都有其缺点和优点,需要社区工作者在实务工作中结合实际情况综合使用。

2. 资产为本的社区发展理论在社区介入方法上的启示

资产为本的社区发展可以说是整个社区系统进行自我强化、自我建设的过程。在发掘社区内部资源过程中,社区工作者极大地动员了社区的内部力量,便于实现社区发展的终极目标。该模式挑战了传统的以社区需要为取向的介入模式,提出应以社区资产或社区优势为介入重点。

3. 资产为本的社区发展理论的主要特点

资产为本的社区发展理论的主要特点表现在三个方面：一是资产为本，即强调不是由社区问题或需要出发，而是由社区拥有的资产或优势出发来介入社区；二是内在取向，即强调社区居民自身参与社区发展的能力；三是关系构建，即强调居民和社团之间的接触，以及各种网络关系的建立。

2.5.2 社区活动实践案例：S社区"愿者之声"品牌服务活动

1. 案例基本情况

S社区的外来人口较多，不同家庭的需求呈现出明显的多样化特征。经需求统计分析，当地事实无人抚养儿童情况较为普遍，这类儿童通常由爷爷奶奶或者外公外婆抚养，这些家庭具有较强的教育需求。根据这一需求，社区工作者开展了"愿者之声"品牌服务活动，主要包括为社区以"事实无人抚养儿童"为主的儿童、青少年群体提供课业辅导以及抚养教育能力提升服务活动。课业辅导以社区大学生志愿者为主体，按志愿者与儿童、青少年学生1:3的比例进行配比，每周日开展2小时的课业辅导，形成长期的品牌活动。抚养教育能力提升服务活动主要是以邀请家庭教育专家和心理专家每年寒暑假刚放假和开学前期对爷爷奶奶或外公外婆开展讲座为主的活动，通过专家和监护人的互动，使监护人形成正确的、有效的隔代教育理念。

2. 案例分析

从社区整体视角来说，多个家庭问题整合起来就会演变为社区问题，而社区问题的解决又可以解决单个家庭问题。资产为本的理念就是要打破人们惯常对于问题的标签化思维，将资产为本的社区发展模式理念运用到解决家庭问题的工作当中来，即在挖掘社区家庭的群体需求后，通过寻找、整合社区资产，提升居民能力，提高社区整体解决此问题的能力，来缓解社区中这类家庭的困境。

该项目挖掘了社区志愿者资源，利用社区内现有的志愿者资源为有"事实无人抚养儿童"的社区家庭开展定期课业辅导、隔代抚养讲座等，提升了家庭照顾者的教育、沟通能力，扩大了居民的社区交际网络，提升了家庭的社区参与度，反过来又增加了社区资本。

3. 应对反思

社区居民生活在社区内，他们最了解社区的基本情况，知晓社区的优势与强项，他们才是解决社区问题及发展自身社区的专家。社区内的小组及团体熟悉社区内各项活动的开展，最清楚活动开展过程中取得的一系列积极成果，以及还存在的问题，懂得如何利用社区的资产，发动社区内在力量及资源，推动社区发展。所以社区工作者在开展社区活动时要重视社区居民的意见，充分发挥社区居民的主动性和能动性，注意挖掘和培育社区志愿者和社区骨干，并充分发挥社区骨干的引领作用，营造积极参与社区事务的良好氛围。

2.6 社会学习理论

班杜拉（Bandura）的社会学习理论是众多学习理论中最具影响力的一个。这一理论的核心内容是替代性学习，即个体会通过观察他人的行动而习得新事物。班杜拉的社会学习理论与早期的学习理论有着显著的不同。早期的学习理论是基于行为主义视角的，认为学习的发生源于强化和惩罚，这些理论是从动物实验研究中获得的，因此并不能类比人的复杂行为。班杜拉突破了行为主义框架，从认知与行为联合发挥作用的观点去看待社会学习。在他看来，社会学习是一种信息加工理论和强化理论的综合过程，二者有机结合、缺一不可。

2.6.1 理论概述

班杜拉认为，社会学习理论是探讨个人的认知、行为与环境因素三者及其交互作用对人类行为的影响。行为习得有两种不同的过程：一种是通过直接经验获得行为反应模式的过程，班杜拉把这种行为习得过程称为"通过反应的结果所进行的学习"，即直接经验的学习；另一种是通过观察示范者的行为而习得行为的过程，班杜拉将它称为"通过示范所进行的学习"，即间接经验的学习。

社会学习理论的意义包括以下几个方面。

① 强调观察学习在人的行为获得中的作用。人的多数行为是通过观察别人的行为和行为的结果而习得的，依靠观察学习可以迅速掌握大量的行为模式。

② 重视榜样的作用。人的行为可以通过观察学习过程习得，但是习得什么样的行为以及行为的表现如何则有赖于榜样的作用。榜样是否具有魅力、是否拥有奖赏、榜样行为的复杂程度、榜样行为的结果、榜样与观察者的人际关系等都将影响观察者的行为表现。

③ 强调自我调节的作用。人的行为不仅受外界行为结果的影响，而且受自我引发的行为结果的影响，即自我调节的影响。自我调节主要是通过设立目标、自我评价，从而引发动机功能来调节行为的。

④ 主张建立较强的自信心。一个人对自己应对各种情境能力的自信程度，在人的能动作用中起着重要作用，它将决定一个人是否愿意面临困难的情境、应对困难的程度以及面临困难情境的持久性。

社会学习理论的主要观点对社会工作实务中的小组工作有重要指导意义。在小组中，组员通过观察和模仿会学习和习得一些行为，当然，这些行为里面会有正面和负面的，社会工作者通过奖励和惩罚，可以帮助组员习得良好行为。此外，小组组员之间分享的经历、经验，可以为每个组员提供学习的榜样或经验，充分发挥替代强化的作用。

2.6.2 社区活动实践案例：亲子关系小组活动

1. 案例基本情况

A社区的社区工作者最近收到较多父母求助：由于疫情停课，许多孩子在家里上网课，造成亲子关系紧张，矛盾频发，孩子无心学习，家长情绪不佳，影响家庭关系和谐。社区工作者收到求助后整理了8个家庭的需求，决定为他们开展亲子关系小组活动，通过破冰、非暴力沟通技巧学习、榜样示范等多次小组活动，使父母和孩子之间互相观察并学习新的沟通技巧，建立新的相处模式。

2. 案例分析

本案例中，家长和孩子在与其他家庭一起活动的过程中，逐渐习得了一些新的沟通技巧和相处模式，社区工作者利用了小组中其他家庭的榜样作用，奖励做出正面行为的亲子家庭，鼓励家长和孩子调整自己的错误行为，做出积极改变。除此之外，小组活动还通过社区工作者传授非暴力沟通的知识，使参与的家长和孩子直接学习到科学的沟通技巧，改善不合理的沟通方式，进一步促进家庭和谐。

3. 应对反思

在社区活动中，社区工作者要重视服务对象的学习能力和潜力，为服务对象提供直接学习的机会并营造间接学习的氛围，通过在活动中树立正面榜样，鼓励服务对象学习榜样的力量，使其做出积极改变，从而改变错误的行为方式和沟通模式，建立新的行为方式和沟通模式。社区工作者可以多利用小组工作的形式，帮助服务对象在朋辈群体中实现社会学习的目标。

2.7 社会互动理论

社会互动即社会相互作用，是指在一定的社会关系背景下，人与人、人与群体、群体与群体等在心理、行为上相互影响、相互作用的动态过程。它是发生于个体之间、群体之间、个体与群体之间的相互的社会行动的过程。互动是动物存在的重要方式，任何个体间的互动都是有意义的。互动可以发生在同物种之间，也可以发生在不同物种之间，如人类和动物之间的互动。

2.7.1 理论概述

社会互动理论认为，构成社会互动应具备以下三个要素。

① 应有两方以上主体。既然是相互作用，主体必然不能少于两方，至于每方人数具体是多少则没有明确限制。主体既可以是个人，也可以是群体，因而不论在个人与个人、个人与群体还是群体与群体之间，都可发生互动。

② 主体间应有某种形式的接触。这种形式既包括语言，也包括非语言，如身体感官或其他媒介等。换言之，一方主体应向他方发出一定的"符号"，即通过行为或意思表示的方式传达给对方。

③ 各方主体都能意识到"符号"代表的意义。对于一方主体做出的意思表示或行为，其他主体不仅能清楚地认知，而且能对此积极回应。

社会互动理论认为，人一出生就进入了人际交往的世界，学习与发展就发生在个体与其他人的交往与互动中。该理论既强调学习过程的认知参与，也强调学习过程的全人参与。社会互动理论着重于学习的社会环境营造，如在教学过程中，把教师、学生、活动之间的互动看作教学的灵魂所在，强调教师、学习者、学习任务和学习活动之间的相互作用和动态性。

以方法不同为标准，理论界形成了常人方法理论、符号互动理论、拟剧理论、社会交换理论和参照群体理论等几种主要观点。

1. 常人方法理论

常人方法理论（又称本土方法理论）是由美国社会学家加芬克尔（Garfinkel）创立的，旨在研究人们在日常生活互动中使用的方法。它假设，在现实生活中，社会成员依据一定的规则和程序进行互动，这些日常生活中不成文的、公认的互动规则是一切社会生活的基础。加芬克尔通过研究发现，人与人的互动是以一定背景知识和常规为基础的，如果忽视了这种内隐规则，互动就无法进行，进而也不能实现预期目的。所以，从此意义上说，各方主体能达成对所认定"规则"的共识是有效开展互动的前提。

2. 符号互动理论

符号互动理论以美国心理学家米德（Mead）和库利（Cooley）为代表。该理论认为：符号是社会互动的媒介，互动是通过符号进行的，是一种"符号运动"；人的行为具有意义，要理解此意义就必须设身处地、站在对方的立场上加以阐释；有时此意义会随着情境变化而变化，这就需要互动各方通过不断协商来达成共识以重塑其意义；他人对自己是明镜，从别人对自己的评价和态度中认识自己，可以提高自身素质，进而决定行为选择和行动方向。

3. 拟剧理论

拟剧理论是一种用表演和比喻说明日常生活中人的互动的理论,其代表人物是美国社会学家戈夫曼(Goffman)。他认为社会是一个舞台,每个人都在其中扮演一定的角色,人们之所以努力表演,是因为想给别人留下美好的印象,通过美好印象的塑造使自己在互动中占据优势,对他人行为进行有效控制,从而使对方理解自己的行为并做出预期反应。从本质上说,该理论强调变通,即在不同场合应变换不同角色,从而适应互动环境的变化性。

4. 社会交换理论

社会交换理论由美国社会学家霍曼斯(Homans)等人建构,认为互动实际是奖赏与惩罚的交换运用。若使某人继续某一行为,就应对该行为加以奖赏,让其认识到该行为对其是有意义和价值的,从而推动其自愿把这一行为实施下去;若不想其做某事,就不要给予奖励或进行惩罚,那么其就能意识到自己的行为存在问题,而不会再做出类似行为。这种奖惩机制对互动效果有着深刻影响,应恰当运用,否则会适得其反。

5. 参照群体理论

参照群体理论由美国社会学家海曼(Hyman)首创,后来诸多学者在此基础上加以发展,最终形成了一个内容丰富、效果显著的理论。该理论最大的贡献就在于提出了一种间接互动观点,即非面对面人际接触,而以参照群体(即榜样)的价值和规范作为塑造自我价值观和行为准则的依据。这一理论强调榜样的规范和比较作用,旨在通过模范和典型的强大感染力来引导人们的行为。

6. 个体间互动理论

在社会生活中,个体间的交往和互动并不都是按照社会规范进行的。社会生活中有大量互动是在与陌生个体相遇时发生的,个体在同他人互动时常常带有情感等个人特点。由于个体间的互动涉及态度、动机等影响互动的心理特征,所以对个体间的互动的心理机制有大量的深入研究。

社会互动理论虽然流派众多,没有一个统一的理论模型,但基于社会互动理论的基本理念延伸的众多流派观点能够为社会工作者带来不同维度的启发。尤其在小组工作中,社会工作者可以充分观察组员的互动,通过不同的良性互动方法方式发挥好小组动力的作用,以推动小组目标的达成。

2.7.2 社区活动实践案例："寻找×——社区基建工程兵口述史"系列活动

1. 案例基本情况

×社区是深圳罗湖区的一个老社区，有较多的基建工程兵居住在此。他们作为深圳的建设者，见证了深圳的蜕变，但步入老年后逐渐成为社会的边缘人物，退出社会后面临着巨大的失落感和情感需求。为了更好地开展优抚安置工作，帮助基建工程兵回忆过去、重新找回生活的热情，社区工作者开展了"寻找×——社区基建工程兵口述史"系列活动：一是邀请基建工程兵在社区广场讲故事，邀请社区居民来聆听；二是开展小记者采编活动，组织一支由小学生组成的小记者队伍，采集社的基建工程兵在建设深圳时的感人故事并汇编成册，在社区内宣传印发，增进不同代际之间的互动和交流，增进理解；三是举办社区历史展览，收集社区里的老旧物件展示给居民看，让居民忆苦思甜，增加对基建工程兵的理解和感恩之情，增进居民关系，提高社区凝聚力和荣誉感。

2. 案例分析

本案例通过开展"寻找×——社区基建工程兵口述史"系列活动，增加社区居民之间、社区青少年和基建工程兵之间的互动，增进了社区多方的沟通和了解。同时，社区历史文化也是社区的重要符号，挖掘社区的代表性文化，增加了社区的文化资本，提升了社区的凝聚力和归属感，促进了社区和谐。

3. 应对反思

目前城市社区普遍存在社区关系疏远、代际文化代沟等问题，社区工作者要善于用社会互动理论开展服务，挖掘社区不同主体之间互动的可能性，为不同主体之间的互动搭建平台、创造机会，通过互动改善社区关系、增加社区资本。例如，社会工作者可以多开展社区大型活动以增加社区居民互动，也可以设计一些传帮带、老带新等跨代际的活动，改善不同代际之间的关系。

第3章 社区活动策划

社区活动策划是对社区活动进行周密的构思与设计，进行主客体情况分析，全面安排各项资源的过程。做好社区活动策划，一方面可以使社区工作者对即将开展的活动做到胸有成竹，按部就班地推进相关工作；另一方面可以让活动的服务对象对即将参加的活动有更完整的认识。一个好的活动策划对于活动的顺利开展有着事半功倍的作用。本章介绍社区活动策划的含义、社区活动策划的步骤和社区活动策划书。

理论学习目标

1. 了解社区活动策划的含义。
2. 了解社区活动策划的步骤。
3. 了解社区活动策划书的撰写。

实践学习目标

1. 掌握活动策划的过程。
2. 掌握社区活动策划书撰写的技巧。

3.1 社区活动策划的含义

社区活动策划就是对社区活动进行周密的构思、设计，以及主客体情况分析，全面安排各项资源的过程。一个成功的社区活动策划，其意义可能远远胜过活动本身。一般来说，社区活动策划包含活动主题策划、活动目标策划、活动形式策划、活动内容策划、活动宣传策划五个要素。

3.1.1 活动主题策划

社区活动主题的选择是一次有效社区活动的开端，但很多时候我们不知道从哪个方向去开展社区活动。总的来说，社区活动主题的选择可能有以下几种情况。

第一，与社区居民的需求相结合。社区工作者开展社区活动要以人为本，充分了解和发掘社区居民整体以及不同人群之间的需求，根据社区居民的需求来圈定社区活动的范围，从而确定社区活动的主题。例如，某社区近期多发入室偷盗事件，居民财产安全及人身安全受到威胁，社区工作者可能要根据这一情况开展安全主题的相关活动。需要提醒的是，社区工作者不仅要关注居民当下的需求，还要考虑长远需求，如享有适宜居住的环境等。目前普遍开展的水资源保护、垃圾分类等主题活动更多是基于长远需求而策划的。

第二，与政策要求相结合。国家的政策是在稳定中与时俱进的，会根据不同时期的国情而发展和变化。社区工作者要对国家时事政策等保持一定的敏锐度，结合我国的政策趋势和热点开展社区活动。例如，近年来，各地纷纷出台生活垃圾管理条例，对垃圾分类投入前所未有的关注，也对社区、家庭、个人的垃圾分类划定了责任，社区工作者可以结合相关政策要求开展垃圾分类讲座、宣传、志愿服务等活动。

第三，与各类节日相结合。将社区活动与节日的主题活动相结合，是常见的社区活动主题策划方式。我国有丰富的节日，既有春节、元宵节、端午节、中秋节这类传统节日，又有儿童节、妇女节、元旦等现代节日，更有二十四节气等特色节气日。社区工作者在开展节日类社区活动的策划时，既要结合特定的文化要求，又要尊重不同社区的特点，将需要解决的社区问题贯彻到社区活动中去，以满足社区需要，促进社区居民成长和发展。例如，某新小区的居民来自五湖四海，小区邻里关系淡薄，互动氛围不佳，正值中秋节来临之际，社区工作者策划了多场中秋主题的灯笼制作、月饼制作等活动，邀请小区业主以家庭为单位参与，既为小区业主搭建了互动交流、增进情感的平台，又在活动中通过中秋节代表性的灯笼和月饼等制作体验宣传了中华传统文化，增强了居民的文化自信。

第四，与各类主题日相结合。现今社会飞速发展，政府、各个社会团体和社会组织针对不同社会问题设立了不同的主题活动日，如世界地球日、国际家庭日、全国助残日、全国爱眼日等。社区工作者可以结合近期热门话题和突出的社会问题，结合主题日，策划相关社区主题活动，使主题活动既能预防和解决问题，又不显得刻意，这样更容易获得社区居民的认可和参与。例如，在每年 5 月第三个周日的全国助残日开展社区残健共融活动，在每年 3 月的第三个周二开展社区工作宣传周活动，让更多居民了解社区工作者等。

第五，与其他机构或组织的主旨相结合。社区工作具有较强的综合性，社区活动的策划既涉及社区的全体居民，又不能离开政府机构、社区内其他组织机构等的支持。在策划社区活动主题时，可以将政府机构、社区内的组织机构都视作可利用的社区资源，如与辖区内的医院共同开展义诊类的社区活动，与社区消防队共同开展社区防火的社区主题活动等。

3.1.2　活动目标策划

社区活动需要严格的策划，作为社区活动策划中重要元素的目标策划就是要形成社区活动的目标系统。目标系统包括目标对象、活动具体目标等。在社区工作中，目标对象可以是全体社区居民，也可以是特定群体或特定居民。在选定目标对象后，社区工作者要设计社区活动的具体目标。那么应该如何科学合理地设定活动目标呢？我们可以通过 SMART 原则来设定目标。

第一，S（specific）代表明确性。所谓明确，就是要用具体的语言清楚地说明要达成的目标，杜绝在目标设置中使用形容词等模糊概念。

第二，M（measurable）代表可衡量性。目标的设定应该是可衡量的，应该有一组明确的数据，作为衡量是否达成目标的依据。如果制定的目标没有办法衡量，就无法判断这个目标是否实现。例如，将目标设定为"参加法治教育宣传活动后，居民对法律知识的了解从 20%上升到 30%"，而非"参加法治教育宣传活动后，居民对法律知识的了解有所提升"等。

第三，A（achievable）代表可行性与可操作性。社区活动目标应是切合实际的，避免空泛和过高而难以完成。

第四，R（relevant）代表相关性。活动目标应是符合社区实际、社区居民需要和组织使命的，避免一些没有价值或价值不大的工作。

第五，T（time-limited）代表时限性。社区活动目标的设定应该具有时限性，要有一定的时间限制要求，拟定出完成目标活动的时间要求，定期检查活动的完成进度，及时掌握活动进展的变化情况。当然，完成时间也不一定是一成不变的，可根据具体情况调整。

3.1.3 活动形式策划

活动形式实际上指的是社区活动开展的手段，活动形式不同，取得的活动效果也会不同。社区活动的策划从形式上大致可分三类，分别是任务式、游戏式、解决问题式。

第一，以任务为主题的社区活动。在社区活动中设计、植入任务，由参与者在一定条件下完成。这类活动的成果通常是一个实际的作品，可以进一步整合社区居民已经学过的知识和技能，较好地适应社区居民的个性特点和能力差异，并且有利于培养社区居民的业余兴趣和爱好。这类活动有亲子手工活动、端午节粽子制作活动、书法培训活动等。

第二，以游戏为主题的社区活动。这类主题活动策划往往会在社区居民中开展一些健康和益智性的游戏，引导社区居民在各种游戏的规则中良性互动，共同在情境中发现问题、解决问题，相互合作和体验成功，从而提升社区居民的互动关系，提升社区凝聚力。这类活动有社区趣味运动会、社区游园会、定向越野活动等。

第三，以解决问题为主题的社区活动。将需要开展的社区服务内容转化为复杂的、有意义的问题情境，通过活动引导社区居民共同了解、分析或解决这些实际问题，形成在实际生活中解决问题的能力。这类活动有社区垃圾桶美化议事会、反诈骗宣传活动、糖尿病照顾技巧讲座等。

在实际的活动策划过程中，活动形式的选取不是单一的，很多时候为了达成更好的活动效果，社区工作者会将多种活动形式融合在一个活动中。

3.1.4 活动内容策划

活动内容是社区活动策划的核心部分，是结合活动主体和活动形式后形成的具体活动安排。它既要能够传递社区工作者希望社区居民能够接受的观点和论点，又要符合活动目标的要求，达到影响社区居民的目的。例如，某社区希望开展一场社区活动来增强社区居民对生活垃圾分类的知识储备，并选定了讲座形式，社区工作者在进行活动内容策划时，就要思考如何在这个目标和活动形式之下，填充合适的活动内容，如讲座要具体讲什么内容、安排谁来讲、是否需要中途安排互动环节、是否需要发放宣传物料等。这些都需要社区工作者进行细致的考虑。总的来说，在策划活动内容时要考虑以下因素。

① 活动内容要契合活动的目标，即某个活动的开展能直接或间接实现活动目的。

② 活动内容要具备群众性，要适应社区居民的需要，为社区居民所接受且便于开展。

③ 活动内容要具有吸引力，突出活动的特色，使之具有强烈的感召力，吸引社区

居民参与。

④ 活动内容要具备可行性，确保社区工作者有合适的人力、物力、财力等资源来促进活动目标的实现。

⑤ 活动内容的安排要体现社区工作者的专业素质，即社区活动是社区工作者在专业理念的指导下所提供的专业性服务，它与普通的社区居民自发性的活动或商业活动有所区别。

3.1.5 活动宣传策划

社区活动宣传的主要目的是广泛发布和传播信息，让社区居民了解社区活动的目标群体、组织、内容，关注目标群体、支持组织，通过宣传获得更多社区居民对活动的支持，同时在社区内部营造良好的社区互动氛围。目前较为普遍的宣传做法是利用各种传播媒介进行内外传播，主要的媒介形式有大众媒介、特定媒介、人际传播等。例如，邀请当地电视台报道社区活动，在社区居民群发布活动推文，在社区宣传栏张贴宣传海报，开展摊位宣传活动，等等。随着互联网和自媒体的发展，现在不少社区服务中心也设置了专属的公众号、视频号等，专门发布本社区的活动信息和活动成果。在有条件的情况，鼓励社区工作者在社区党委的指导下开设专门的平台进行专项宣传，该平台可随着粉丝量（居民关注度）的增加而成为社区有影响力的公众宣传平台，有助于社区开展各项活动宣传和相关政策的宣传。

3.2 社区活动策划的步骤

3.2.1 策划前的分析工作

社区活动策划不能盲目开展，需要进行周详的分析，以确保策划方向不偏离，具体包括服务对象分析、问题分析、活动的逻辑推进步骤分析。

1. 服务对象分析

开展社区活动策划前，需要建立对社区活动服务对象的基本认识，明确服务对象的特征、数量、分布等情况。例如，最需要得到活动服务的是哪些社区居民群体？本社区的这个服务群体人数是多少？都分布在社区的什么地方？目标服务群体中已经接受服务的人数是多少？已经接受服务的人群对此前的服务评价如何？没有接受或参与现有服务的原因是什么？未来活动方案应建立什么样的标准来确定可接受服务的社区居民？预期活动中受益社区居民的人数是多少？这些有关服务对象的信息都需要社区工作者在做具体的内容、形式等策划前就要了解清楚，否则会在一定程度上影响活动设计的方向和活动效果。

2. 问题和需求分析

在确定目标服务对象后，社区工作者需要对服务对象的问题和需要进行进一步分析。例如：困扰服务对象目前的问题是什么？导致问题的原因是什么？目前的需求是什么？可否通过改善现有活动使问题得到有效解决？目前可以策划的新活动内容有哪些？

3. 活动的逻辑推进步骤分析

所谓活动的逻辑推进步骤分析，是指社区工作者应该在脑海中大概过一遍活动策划的逻辑，以选定最终的活动方向。具体顺序是：界定和确认问题→确认拟达目标→选定评估指标→拟定可行方案→计算方案的成本（拟定的各方案的人力、物力、时间）→计算方案成效→方案比较分析。

有些人可能会觉得在分析阶段就已经基本把活动策划完了，但实际上社区工作者在这个阶段主要是做资料收集和大而全的分析工作，要想把社区活动策划得更有针对性，还需要做进一步的策划。

3.2.2 策划的过程

分析工作结束后，就可以正式开展策划，其过程可以分成五个步骤，分别是确认社区需求、了解服务对象的特征、订立工作目标、评估自身的能力、制定工作进度表等。

1. 确认社区需求

社区活动策划的出发点在于社区居民的需求。在进行活动策划时，社区工作者首先需要罗列出社区居民的需求，并按照不同优先级进行排列，在其后活动策划的各步骤中，再慢慢按不同优先级将社区居民需求内容置入活动中。社区工作者开展社区活动要基于社区居民的每一项需要，开展有针对性的服务内容来达到活动目标，因此在进行活动策划前，要做好需求评估，确认社区居民的需求。以节日活动策划为例，社区工作者进行活动策划的目的从表面上看，是由于某个节日即将来临，而更深层的原因是节日期间社区居民能够更多地参与社区活动，可以在欢快的氛围中解决或者在一定程度上解决社区居民优先关切的问题和需求。

在开展社区活动策划时，可以从以下三个角度来思考和发现社区居民的需求。

第一，从社区的发展考虑，如提高社区居民参与率、完成社区的工作任务等。

第二，从问题的解决出发，如社区卫生环境问题的解决等。

第三，从社会公益、意识提升角度考虑，如对社区问题的关注度的提升、社区事务的参与意识的提升等。

另外，也可以通过感觉性需要、表达性需要、规范性需要和比较性需要来界定社区需求。

感觉性需要是指社区居民或服务对象感受到或意识到，并用言语表述出来的需要，如张大爷说社区缺乏锻炼器材，希望社区能配置一些。

表达性需要是指社区居民或服务对象把自身的感觉通过行动表达出来的需要，如申请服务、排队等候服务。

规范性需要是指由专家学者、专业人士、政府行政官员等评估而决定的需要，如规划设计部门经查阅政策文件和评估后决定在社区建立一个日间照料中心。

比较性需要是指社区居民或服务对象将所得到的服务与其他类似社区进行比较而认为有所差别的需要，如李大妈说隔壁社区有针对老年人的爱心午餐服务，觉得自己所在社区老年人也有此需要。

社区工作者在确认社区居民的需求后，为了准确了解社区居民的需求和需求所涉及的居民数量，需要对这些居民需求进行一定的优先级排序。社区工作者一般会优先解决涉及居民多且紧急的需求。

2. 了解服务对象的特征

社区工作者在确认社区居民需求之后，就需要确定活动的目标服务对象。目标服务对象的确定有利于社区工作者有针对性地开展社区服务活动。在社区活动策划中所需了解的社区居民或服务对象的特征包括他们的兴趣、特点、能力、生活习惯和方式、休闲时间的安排，以及与社区其他群体的关系等。这些特征可以为活动策划确定目标和选择活动形式、内容、时间等提供依据。例如，老年人活动的时间可以选在小孩上学之后，故事、绘画等形式的活动对幼龄儿童有较强的吸引力，青少年的活动可以集中在寒暑假开展。

3. 订立工作目标

社区工作者在策划社区活动时，设定清晰的活动目标，能够有效地增强活动策划对社区工作者的引导性，同时为后期评估、衡量活动的有效性和效益提供依据。工作目标一般包含总体目标和具体目标。总体目标一般是指希望通过活动达成的一种美好愿景，如"促进社区和谐友好氛围营造、提升社区居民幸福感"等，通常看起来较"大"、不可测量；具体目标则指通过该场活动可较快达到的成效，一般按照 SMART 原则设定，可测量、可评估，如"在课程结束后学习到五种糖尿病照顾的技巧"。在订立工作目标时，社区工作者应建立目标的优先次序，做到有的放矢、精准服务。

4. 评估自身的能力

活动的开展需要社区工作者调动社区的人力、物力、资金资源，活动的规模、时长、具体内容都受制于社区和社区工作者自身的条件。可以从以下两个方面来评估社区和社区工作者自身的能力。首先，社区或相关部门能够提供多少人力、物力、资金在本次活动上，是否能够支撑活动的开展，如不够是否能够链接到外部资源。其次，社区工作者本身的工作经验和专业能力也是活动成功的关键，社区工作者是否获得居民的支持和认可也会影响活动的效果。

5. 制定工作进度表

在进行活动策划时，社区工作者需要对整个活动的进度做出合理的安排，这样才能保证活动顺利地开展。合理地分配在筹备、宣传、执行等不同活动环节的时间，既可以保证活动如期举行，又可以避免在某个环节上准备不足，从而保证整个社区活动的顺利开展。

在活动进度表上一般可以将整个活动分为筹备、执行和收尾三个阶段，详细列出每个阶段的工作内容，包括活动的宣传招募、物料准备、现场布置、活动步骤、宣传发布、资料归档、财务报销等，明确每项工作的责任人，然后按照完成日期列出先后次序，规定完成任务的具体时间。详细合理的活动进度表是帮助活动有序推进的重要工具，具体可参考表3.1。

表3.1 "退伍不褪色"——退役军人健步行团建活动工作进度表

活动阶段	序号	活动环节	具体要求	负责人	截止时间
筹备阶段	1	健步行路线踩点	对健步行路线进行实地踩点，确定最终路线	张三	7月15日前
	2	绘制健步行地图	邀请设计师绘制健步行地图	张三	7月20日前
	3	物料采购	采购活动所需物资	李四	7月27日前
	4	宣传招募	发布招募推文，招募20名退役军人及其家属，收集相关信息	李四	7月25日前
	5	志愿者招募	在社区志愿者群发布招募通知，招募2名志愿者	李四	7月27日前
	6	保险采购	为参与人员购买保险	李四	7月31日前
执行阶段	7	活动布置	组织工作人员提前到场布置活动现场	李四	08:00—08:30
	8	活动签到	组织参与人员签到	李四	08:30—09:00
	9	活动开场	主持人开场介绍活动规则和要求	张三	09:00—09:05
	10	热身游戏	由导师带领参与人员做热身游戏，并通过游戏将参与人员分为4组	张三	09:05—09:20
	11	健步行团队战	引导每个小组按照地图以团队合作的方式完成任务，到达目的地最快的小组获胜	张三、李四、2名志愿者	09:20—10:00
	12	颁奖典礼	按照相应名次为各小组颁发奖状和奖品	张三	10:00—10:10
	13	活动总结	总结活动，并邀请代表分享活动感言	张三	10:10—10:30
	14	合影	组织现场大合影	李四	10:30—10:40

续表

活动阶段	序号	活动环节	具体要求	负责人	截止时间
	15	宣传推广	撰写新闻稿,发布宣传推文	张三	8月2日
收尾阶段	16	资料归档	按照要求将活动资料归档	李四	8月4日前
	17	财务报销	根据社区或组织财务要求,报销项目支出	李四	8月10日前

3.3 社区活动策划书

3.3.1 社区活动策划书概述

社区活动策划是社区工作者精心设计社区活动内容和形式、合理安排社区资源的过程,社区活动策划书则是将这个过程以书面的形式表达出来的一个重要且必要的工具。社区活动策划书是一种说明性文体,不同的组织和社区对社区活动策划书的模板要求不一,但通常来说,一份合格的社区活动策划书应该包含以下内容:活动背景、活动理论运用、活动目标、活动主题、活动内容、活动安排、经费预算、应急预案、活动评估、落款等。本书综合不同社区和组织的策划书要点,设计了一份较为全面的社区策划书模板(表3.2),可供参考使用。

表3.2 社区活动策划书模板

一、活动基本信息			
活动名称			
日期及时间		对象及人数	
地点		工作人员	
其他人员安排	____名工作人员,____名义工,____名其他工作人员(请说明:_____)		
二、活动背景及理论/理念			
(一)活动背景 　　(重点阐述为什么要开展该活动) (二)理论 　　(简要介绍该活动设计所依据的理论) (三)需求分析 　　(重点分析服务对象的需求)			
三、活动目的及目标			
(一)总体目标 　　(希望达到的成效、目的及远景目的) (二)具体目标 　　(希望达成的具体目标,应符合 SMART 原则,可操作和可评估性强)			

四、前期筹备（如人、财、事、物、宣传招募等方面的事项筹备）				
序号	具体事项/物料	数量	负责人	截止时间

五、活动流程					
序号	环节名称	具体活动内容	时长	所需物资	人员安排

六、预计风险及应对措施	
预计风险	应对措施

七、活动经费预算					
序号	物资	单价	数量	小计/元	备注
合计： 元					

八、活动评估				
	评估内容	成效指标	评估方法及工具	
目标达成情况评估				
	满意度			
	出席率			

工作人员签署：＿＿＿＿＿＿＿＿＿　　　日期：＿＿年＿＿月＿＿日

督导人员签署：＿＿＿＿＿＿＿＿＿　　　日期：＿＿年＿＿月＿＿日

3.3.2　社区活动策划书要素

社区活动策划书的思考和文本写作都对应其涉及的要素。本书认为，一份完整的社区活动策划书应包含活动基本信息、活动背景、活动理论、需求分析、活动目标、活动内容和活动流程、经费预算、应急预案、活动评估、落款等要素，各要素相互关联，相互支撑。下面以一个六一儿童节活动为例展示社区活动策划书的构成和撰写要点。

1. 活动基本信息

活动基本信息的作用是通过简短的话语让人们对活动的基本情况一目了然,一般包括活动名称、服务对象、人数、地点等信息(表3.3)。

表3.3　活动基本信息

活动名称	"党的故事我来画"社区六一儿童节彩绘T恤活动		
日期及时间	2022年5月29日,09:00—11:00	对象及人数	社区6~12岁儿童30人
地点	室内	工作人员	×××
其他人员安排	<u>　1　</u>名工作人员,<u>　1　</u>名义工,<u>　1　</u>名其他工作人员(社区妇联)		

这里需要重点强调活动名称的设定。活动名称是整个策划的点睛之处,一个好的名称对整个活动策划起着指导作用。活动名称应该简短,回应活动核心,吸引人,可直接命名,如"××社区××活动",也可以采用主标题+副标题的形式增加吸引力,如"寻找光明记忆——光明区新生代历史文化教育活动""'粽享'端午——××社区端午节粽子制作体验活动"。活动名称的创作可借用诗歌、成语、歇后语等文化经典,如"草长莺飞·拂堤杨柳"亲子风筝DIY活动、"最美不过夕阳红"——社区老年志愿者结对帮扶活动等;可借用影视剧、歌曲、综艺节目名称等,增强潮流性,如"爸爸去哪儿——××社区亲子教育工作坊";可巧用常见的物品和人物形象来借代相应主题,凸显品牌性和记忆性,如"'一米书桌'——城中村社区家庭学习空间营造项目""××社区'共享奶奶,让爱流动'项目"。

2. 活动背景

活动背景是指当前社区活动所面临的宏观的、外部和内部的总体情况,重点阐述基于什么情况和原因要开展这个活动。一般活动背景应包含活动相关领域的政策环境、社区背景和需求情况分析、活动开展原因、活动所预期的社会影响等信息。活动背景类似于活动综述,是统领其他环节的"大纲"。一份清晰明确的活动背景会使读者第一时间明白活动的意义和目的,吸引社区居民的参与。例如:

> 一年一度的六一儿童节是全国少先队员最隆重的节日。根据深圳市委、市政府及上级妇联关于开展群众性主题宣传教育活动的部署要求,"六一"期间,深圳各社区均需要紧紧围绕"少年儿童心向党"主题开展儿童节活动。社区前期开展的社区儿童需求调研报告显示,被调查儿童的兴趣爱好广泛,最主要的兴趣爱好涉及手工类、运动类和书画类,分别占61.33%、60%、52%。综合需求调研报告,社区决定综合以上三项最受欢迎的活动类别,在"六一"期间开展"党的故事我来画"社区六一儿童节彩绘T恤活动。

撰写活动背景有以下两个注意事项。

一是语句通顺，行文通畅，切忌过于口语化，可参考表 3.4 中活动背景修改前后的对比。

表 3.4　活动背景修改前后对比（一）

修改前	修改后
在日常生活中，家长不了解孩子的想法，和孩子之间沟通较少，常常会以自己的主观意愿来帮孩子做决定，然而这些并不是孩子真正需要和想要的，所以家长和孩子之间会很容易产生分歧，从而影响亲子之间的关系。亲子阅读是通过亲子共同阅读同一本书、同一个故事的形式，增加亲子之间的内部交流和相互之间的了解。	家庭是孩子健康成长的重要土壤，维持家庭成员尤其是亲子之间的良好互动关系十分重要。但我们在社区的日常场景中，经常可以观察到这样一个现象：大部分家长和孩子之间有效沟通较少，家长并不了解孩子的想法，常常会以自己的主观意愿来帮孩子做决定，然而这些决定往往并不是孩子真正需要和想要的。在这种情况下，家长和孩子之间会很容易产生分歧，从而影响亲子关系的和谐。由于这个现象较为普遍，社区拟通过亲子阅读的方式开展相关活动，增加亲子之间有效、正向的沟通交流，增进彼此之间的了解。

二是切忌只有政策条文和数据罗列，没有进一步的分析或总结，可参考表 3.5 中活动背景修改前后的对比。

表 3.5　活动背景修改前后对比（二）

修改前	修改后
1. 2022 年，××社区儿童需求调研报告显示，被调查儿童的兴趣爱好十分广泛，最主要的兴趣爱好涉及手工类、运动类和书画类，分别占 61.33%、60%、52%。 2. 2022 年下半年召开中国共产党第二十次全国代表大会，为迎接党的二十大胜利召开，根据市委和上级妇联关于开展群众性主题宣传教育活动的部署要求，"六一"期间，深圳市各区要紧紧围绕"少年儿童心向党　喜迎党的二十大"为主题开展活动。	一年一度的六一儿童节是全国少先队员最隆重的节日。根据深圳市委、市政府及上级妇联关于开展群众性主题宣传教育活动的部署要求，"六一"期间，深圳各社区均需要紧紧围绕"少年儿童心向党"主题开展儿童节活动。社区前期开展的社区儿童需求调研报告显示，被调查儿童的兴趣爱好广泛，最主要的兴趣爱好涉及手工类、运动类和书画类，分别占 61.33%、60%、52%。结合需求调研报告，社区决定综合以上三项最受欢迎的活动类别，在"六一"期间开展"党的故事我来画"社区六一儿童节彩绘 T 恤活动。

3. 活动理论

活动理论是一种方法论，它可以帮助社区工作者解释社区问题的性质和原因、设定活动目标以及提出一套达到上述目标的工作方式和方法。简言之，活动理论指导社区工作者用什么样的方式、方法来观察事物和处理问题，以保证社区活动策划的正确性。在撰写活动的理论运用部分时，一般需要先罗列该理论适用于本活动的主要观点，并就该理论观点在本活动设计中的运用做适当的延展分析。例如：

皮亚杰认知发展阶段理论指出，6～12 岁的儿童处于具体运算阶段，此阶段儿童的认知能够得到重组和改善，可掌握一些抽象概念，能够进行一定的逻辑推理。爱国爱党是抽象的，党徽党旗等与党相关的元素则是具体的，儿童参观爱国爱党基地等活动也是具体的。在本次活动中，儿童能够将爱国爱党这一抽象概念具体化，并且在 T 恤上绘制出来，以此表达自己爱国爱党的深切情感。

撰写理论应用部分有以下三个注意事项。

一是一个活动尽可能只援引 1～2 个理论，避免多个理论堆砌或一个理论的多个观点堆砌。对于活动的理论指导来说，并不是越多越好，而是应该选准 1～2 个理论，并援引其中适用于本活动的主要观念即可，不需要把整个理论大而全的观点全部罗列出来。

二是注意逻辑性、理论和实际的结合，切忌分段式生搬硬套，可参考表 3.6 中理论应用修改前后的对比。

表 3.6　理论应用修改前后对比（一）

修改前	修改后
马斯洛认为人的需求具有层次性，并根据重要性的不同对人的需求进行排序，分为生理需求、安全需求、归属需求、尊重需求和自我实现需求。其中归属需求则是期望与他人建立情感关系或被所属群体接纳。 社会互动论是指研究人与社会环境相互作用的规律、模式的社会学理论。该理论认为人们在社会生活中相互交往，彼此沟通，形成各种社会互动。它是社会生活必不可少的基本要素，也是分析一切社会现象的基础。该理论强调个人的主观理解，认为社会结构是理解和行动的结果，社会过程就是个人把主观意义赋予客体并作出反应的过程。 社区举行端午节活动，搭建老年人相互交流沟通的平台，为其建立情感沟通渠道，在互动中增进友情，促进社区老年人之间的关系，让社区老年人度过一个祥和安康的端午，了解我国端午节的习俗及文化，营造文明和谐的文化社区氛围。	社会互动论认为，人们在社会生活中相互交往，彼此沟通，形成各种社会互动。社会互动是社会生活必不可少的基本要素，也是分析一切社会现象的基础。该理论强调个人的主观理解，认为社会结构是理解和行动的结果，社会过程就是个人把主观意义赋予客体并作出反应的过程。社区通过举行端午节活动，以我国端午节的习俗及文化为媒介，搭建老年人相互交流沟通的平台，能够为其建立情感沟通渠道，让他们在互动中增进友情，促进社区老年人之间的关系，让社区老年人度过一个祥和安康的端午，营造文明和谐的文化社区氛围。

三是注意准确性，避免用错理论或将理论的基本观点描写错误，可参考表 3.7 中理论应用修改前后的对比。

表 3.7 理论应用修改前后对比（二）

修改前	修改后
地区发展模式认为社区居民对社区事务不关心，缺乏兴趣，居民间关系淡薄，缺乏解决问题的能力。它认为人们都是向往和谐生活的，倾向于团结合作，而非暴力、竞争，且有潜能通过团结合作来共同解决社区问题，共创美好生活。通过组织举办相关的社区居民喜闻乐见、形式多样的文体活动，充分地整合、调动社区资源，为邻里互动提供平台，努力增进邻里感情，营造"团结、温馨友善"的社区氛围。	地区发展模式是社区工作的三大模式之一。该模式认为由于经济发展差异和社会阶层分化的社会背景，社区居民对社区公共事务缺乏关心，居民关系冷漠，但社区内不同人群存在共同利益，可在此基础上交流沟通，形成合作，促进社区进步和发展。该模式主张较多关注社区共同性问题（对社区大部分居民生活造成影响的问题），通过建立社区自主能力来实现社区的重新整合，以培养居民自主、自立，发展互助，建立社区团结为目标，尤其重视居民的参与。通过组织举办相关的社区居民喜闻乐见、形式多样的文体活动，可充分地整合、调动社区资源，为邻里互动提供平台，增进邻里感情，营造"团结、温馨友善"的社区氛围。

4. 需求分析

需求分析是指对服务对象的问题和需求进行分析，挑选出目前本活动需要解决的具体的需求，为后续的活动内容和形式设计等提供参考。需求分析可单独罗列撰写，也可融合进活动背景中，但其与活动背景有一定的区别。活动背景一般阐述开展这个活动的大背景和原因，需求分析更加强调对参加活动的群体的需求分析，且这个需求通常可回应为什么要这样设计活动内容。例如，社区工作者基于社区居民反馈对绘画类的活动更感兴趣的调研情况，决定将绘画融入活动环节的设计，其需求分析可表述如下：

社区工作者基于社区儿童反馈对绘画类活动更感兴趣的调研情况，决定将绘画融入活动环节的设计，举办"党的故事我来画"社区六一儿童节彩绘 T 恤活动，引导儿童以画寄情，抒发对党和祖国的热爱之情，为党的二十大献礼。

需求分析部分撰写有以下两个注意事项。

一是避免活动背景和需求分析相似度过高，两者应是由大到小、由浅及深的互补关系。例如，下列活动背景就与需求分析有明显的重合：

（1）活动背景

春节与清明节、端午节、中秋节并称为中国四大传统节日。在我国民间，春节有很多习俗，如"守岁、逛花街、赏花灯、吃团年饭、拜年等"，每年的这个时候，各地都会开展丰富多彩的节庆活动。社区工作者了解到，××社区里存在很多特殊群体，他们在家里缺少陪伴与关爱，又因为家庭原因，他们与外界接触较少，很少出门活动。因此，社区工作者计划在春节将至前开展特殊群体家庭慰问探访活动，为社区的特殊群体家庭带来社区的关爱与温暖。

（2）需求分析

社区工作者了解到××社区里存在很多特殊群体，他们在家里缺少陪伴与关爱，又因为家庭原因，他们与外界接触较少，很少出门活动。因此社区工作者计划在春节将至前开展特殊群体家庭慰问探访活动，为社区的特殊群体家庭带来社区的关爱与温暖。

二是需求分析应有分析和总结两部分，避免仅有数据罗列或分析总结过于生硬。例如，下列需求分析就属于典型的分析总结过于生硬：

中心本年度的需求调研显示，25.70%的居民认为非常需要社区互助支援服务，23.83%的居民认为比较需要，24.77%的居民认为一般需要，因此开展社区邻里互助活动促进社区邻里关系，增进社区融合。

5. 活动目标

活动目标为整个活动的设计指明了努力的方向。在 SMART 原则的指导下，活动目标的专业术语表述要准确，时间表述要有时限性，衡量方法需要可量化。在活动策划中，通常将活动目标分为总体目标与具体目标。总体目标的写作应简洁明了，一般为一句话。具体目标是为实现总体目标而服务的小目标，写作时应该条理清楚，可从知识层面（如掌握两种预防跌倒的方法）、行动层面（如主动开展一次居家环境的摔跤风险检查）、价值观层面（如意识到防摔倒的重要性）等展开阐述。例如：

（一）总体目标

引导儿童以画寄情，抒发其对党和祖国的热爱之情，为党的二十大献礼。

（二）具体目标

1. 协助参与活动的儿童认识中国共产党的党旗党徽，并了解中国共产党党史的几个阶段梗概；

2. 引导至少 5 名参与活动的儿童分享 T 恤画背后的故事和意义。

6. 活动内容和活动流程

社区活动内容和活动流程的安排要为实现目标服务，在撰写时需要翔实、具体。社区活动每个环节的内容越清晰、具体，就越有助于指导和规范活动的开展。社区活动内容和活动流程一般包括活动环节名称、每个环节的具体内容、所需物资、人员安排等，如表 3.8 所示。

表3.8 活动内容和活动流程

序号	环节名称	具体活动内容	时长/分	所需物资	人员安排
1	布置场地，确保活动顺利开展	（1）悬挂横幅，摆放拍照相框；（2）摆放桌椅、套尺、饮用水、T恤；（3）准备投影设备、织物马克笔、活动表格	30	横幅、拍照相框、桌椅、套尺、饮用水、T恤、投影设备、织物马克笔、活动表格	2名工作人员
2	签到	30名参与者签到	10	横幅、饮用水、摄像机、报名表、签到表、黑色签字笔	2名工作人员
3	讲解流程	工作人员讲解活动流程	5	摄像机、麦克风	2名工作人员
4	认识中国共产党	（1）工作人员播放"我是谁？中国共产党"宣传片，让儿童认识中国共产党，领悟到中国共产党一直在我们身边，始终和我们在一起；（2）询问儿童中国共产党是什么时候成立的，分享中国共产党成立的历史背景；（3）工作人员播放"伟大的奋斗 从一大到二十大"视频，引导儿童分享中国共产党的奋斗故事	45	投影设备、计算机、"我是谁？中国共产党"宣传片、"伟大的奋斗 从一大到二十大"视频	2名工作人员
5	绘制T恤	（1）工作人员介绍织物马克笔的使用方法；（2）参与儿童在T恤上绘画	40	T恤、织物马克笔、横幅、套尺、铅笔、橡皮擦、湿纸巾	2名工作人员
6	分享T恤画背后的故事和意义	（1）参与儿童展示T恤，工作人员引导儿童分享T恤画背后的故事和意义；（2）参与儿童填写活动反馈表	15	拍照相框、T恤、活动反馈表、黑色签字笔	2名工作人员
7	合影	工作人员与参与儿童合影	5	摄像机	2名工作人员

活动内容的撰写有以下几个注意事项。

一是考虑完整性，从活动开场到结尾的环节均应包括在内。

二是具体活动内容的描述应清晰、易懂、可操作。例如，某环节名称为"抓虫游戏"，在具体内容一栏应把该游戏的玩法和规则写上，或者在策划书中以附件的形式补充。

7. 经费预算

经费预算是指社区工作者为社区活动可能涉及的支出而做的成本预算。社区活动的资源，包括场地、经费、人员等都是有限的，因此，社区工作者应对有限的资源进行合理的分配与计划，综合考虑社区目标居民的分布情况、活动性质、活动经费以及可行性等因素，合理控制社区活动经费规模。一般社区活动的经费预算主要涉及三大类支出：一是人员劳务支出，如讲师、助教、表演人员等的劳务费用；二是活动物料支出，如活动开展所需的物料、服装、纪念品或奖品、硬件设备租赁等支出；三是宣传支出，如横幅、海报、宣传单页、新闻报道等。经费预算多以表格的形式呈现，包括所需物资、单价、数量规格、单项小计、金额合计、备注等，如表3.9所示。

表3.9 经费预算

序号	物资	单价	数量	小计/元	备注
1	横幅	125元/条	1条	125	
2	拍照相框	50元/个	2个	100	用于拍照
3	T恤	35元/件	30件	1 050	发放给每人
4	织物马克笔	100元/盒	10盒	1 000	
5	饮用水	35元/箱	2箱	70	550毫升/瓶，24瓶/箱
6	套尺	10元/套	30套	300	
合计				2 645	

8. 应急预案

在社区活动的举办过程中，有时会出现一些不在社区工作者预料之中的事件。为了保证活动的顺利开展，降低风险，社区工作者要提前考虑活动可能会出现的意外事故，并做出相应准备，即事先制定应急预案（表3.10）。一般来说，社区活动的应急预案主要涉及天气突变、设备故障、人员意外受伤、参与人数不足、互动环节互动不足等。

表3.10 应急预案

预计风险	应对措施
活动开展当天下雨，影响活动正常开展	关注活动开展当天的天气状况，如果下大雨，影响出行，则提前通知服务对象活动延期开展
儿童不遵守活动规则	在活动开场时详细说明规则，运用活动契约规范儿童行为，并请志愿者在活动过程中时刻做好提醒
儿童在活动过程中受伤	提前准备药箱以应对受伤情况

9. 活动评估

活动评估是一个系统收集资料以对活动成效进行审视的过程，通过对整个社区活动开展评估，判断活动目标是否达成，并找出活动开展过程中的优点与不足，为今后开展类似活动提供相应经验与建议。社区活动评估从类型上可分为过程评估与结果评估。过程评估即评估整个活动过程，包含需求调研、活动目标、活动方案、活动实施等，重点在于评估每个阶段是否实现了活动目标。结果评估即活动结束后为判断其效果而进行的评价，重点判断活动的整体效益如何，找出存在的问题及改进方法，评价结果多以精确的百分制来体现，评估方式包括满意度调查问卷、活动成效评估问卷等。

社区活动评估部分的撰写应阐明评估的维度和评估的内容指标、评估方式等。可从三个方面对社区活动开展评估：一是目标达成情况，参照策划书中的目标一栏一一评估各目标是否达成；二是参与度，主要从活动参与的人数来评估；三是满意度，主要评估参与人员对活动内容及形式、目标达成情况、工作人员表现等的满意度（表 3.11）。

表 3.11 活动评估

评估内容	成效指标	评估方法及工具
参与儿童对党史的了解程度	80%的儿童能够说出中国共产党建党以来发生的 3 个重要事件	① 统计法：统计有多少儿童能够说出中国共产党建党以来发生的 3 个重要事件。 ② 问卷调查法：活动结束时，邀请所有参与儿童填写活动反馈表
参与儿童分享 T 恤画背后的故事和意义	100%的儿童能够完成 T 恤画；80%的儿童愿意分享 T 恤画背后的故事和意义	① 观察法：现场观察儿童绘制 T 恤画的情况。 ② 统计法：统计有多少儿童分享 T 恤画背后的故事和意义
满意度	80%的儿童对活动评价为满意	问卷调查法：活动结束时，邀请所有参与儿童填写活动反馈表
出席率	活动出席率100%	统计法：对比活动报名表和活动签到表，统计出席率

10. 落款

社区活动策划书的最后一般要有落款，注明工作人员、督导人员、编写时间等，在保证其真实性、完整性和时效性的同时，也为后续资料的归档与查阅提供依据与便利。由于社会工作一般都有督导，督导会对活动策划书进行批阅，所以除了工作人员签署之外，一般督导人员也会签署，证明该方案内容已通过上级领导的批准。落款示例如下：

工作人员签署：张三　　　　　　日期：2022 年 6 月 17 日

督导人员签署：李四　　　　　　日期：2022 年 6 月 20 日

第4章 社区活动筹备

社区活动在有了全面策划的基础上，还需要将方案落到实处，尤其在活动正式实施前需要进行完善的筹备。社区活动筹备指的是在活动策划完成至活动实施前的这一阶段。妥善的筹备工作是活动正常开展的前提和有力保障，社区工作者需要掌握人员组织、物资筹备、资源链接等技巧，确保社区活动开展所需的人、财、物等资源就位，具体工作包括社区活动资源筹集、社区活动的人员组织、社区活动的物资筹备以及资源链接。

理论学习目标

1. 了解社区活动资源来源以及筹集流程和技巧。
2. 了解社区活动的人员组织。
3. 熟悉社区活动的物资筹备。
4. 了解资源链接技巧。

实践学习目标

1. 掌握社区活动资金、人员、物资的筹备技巧。
2. 掌握资源链接技巧。

4.1 社区活动资源筹集

4.1.1 社区活动资源来源

社区活动资源包括开展社区活动用到的资金、物资、场地、宣传、人员等一系列资源，一般有四种来源。

1. 政府支持

随着政府服务职能转移改革不断深化，政府通过购买服务的方式将社会服务职能转移给社会组织，实现社会服务的精细化、精准化及实效性。政府支持社区活动开展主要有三种渠道。一是拨付到社区党委、居委会、工作站本身的社区工作经费或上级不同部门（如团委、工会、妇联等）下拨社区的专项活动经费部门的经费。要申请这个经费，需要社区工作者与社区不同条线部门的负责人保持密切联系，对相关资源保持一定的敏感性，提前做好活动计划，抓住时机及时申请。二是社会工作服务站服务购买的资金。根据民政部关于乡镇社会工作服务站的工作部署，大部分省市目前已在街道及社区层面设置了社会工作服务站（点），相关站（点）均设有活动经费用于开展社区活动。虽然这种购买方式以购买人力为主，实际能用到具体活动的费用不多，但通常费用由社会工作者掌握，经过分管部门领导及督导等同意即可使用。三是政府专项项目资金支持。社区工作者可以通过撰写服务方案、路演评选的方式参加政府各级部门举办的公益创投以及"民生微实事"等平台争取专项项目经费，支持开展社区活动。

2. 企业支持

乐善好施、扶危济困是中华民族的传统美德。随着我国公益慈善事业和社会组织的蓬勃发展，企业和社会有了更多触达公益慈善的渠道和平台，企业发挥自身优势投身公益，践行企业社会责任逐渐成为一种新风尚。企业资助方式主要有人力资源、实物资助、资金资助三种。人力资助一般是指企业输送专业的人才到社区提供讲座、培训、特殊训练等服务，如书画培训、幼儿成长指导、体育训练、健康检查、安全教育等。实物资助主要是指资助社区活动过程中需要用到的物资，如举办青少年活动需要用到的活动道具、文具、奖品等，春节企业捐赠米油等物资慰问困难家庭。资金资助主要是指企业基于对社区和社区工作者的信任，以资金支持社区的单次活动或周期性项目。由于涉及金钱，这种资助形式往往需要企业与相关慈善组织签订合作协议，在协议中明确资金用途、资助服务对象及活动的具体服务指标。需要提醒的是，《中华人民共和国慈善法》出台后对于捐赠行为有了明确的法律规定。一般来说，无论是社区还是社区工作者背后的社会组织（除非已登记认证慈善组织），都不是法定的接收捐赠单位，应寻求合法合规的基金会、慈善会等代为接收，并在企业和基金会或慈善会的捐赠协议中明确资金用途。

社区活动引入企业的支持，一方面可以通过多元参与引进不同的服务资源，丰富社区活动的内容与形式；另一方面可以宣传推广社会公益价值与理念，通过商业与公益的结合实现社会服务的最大效益。对于企业而言，将慈善公益理念融入企业文化，履行社会责任，有助于增强企业的社会公信力，而且企业鼓励员工参与社会公益服务，有助于增强企业员工的凝聚力与向心力，提升企业的核心竞争力，推动企业可持续发展。因此，社区和企业之间的合作具备双赢的性质，社区工作者在动员企业捐赠时可从双赢角度游说。

3. 基金会支持

基金会是指利用自然人、法人或者其他组织捐赠的财产，以从事公益事业为目的，按照《基金会管理条例》的规定成立的非营利性法人。基金会分为面向公众募捐的基金会（简称公募基金会）和不得面向公众募捐的基金会（简称非公募基金会）。《民政部2021年民政事业发展统计公报》数据显示：截至2021年底，我国的公募基金会达2189家，非公募基金会达6688家；全国社会组织捐赠收入为1192.5亿元，比上年增长12.6%；全国备案慈善信托580单，慈善信托合同规模34.7亿元。

随着我国公益慈善捐赠意识的提升和基金会的逐步发展完善，基金会的筹款能力不断加强，社会的捐赠总额大幅上涨。从业务内容来看，每个基金会都有自己特别关注的领域，会通过公益创投、定向捐赠等方式资助相关公益项目的开展。例如，万科公益基金会重点关注环境可持续和环保等领域，于2022年与深圳经济特区社会工作学院发起"绿见社区·益创未来——深圳社区环境可持续发展支持计划"，资助深圳15个社会组织在社区领域开展各类环境可持续项目。又如，中国乡村发展基金会重点关注乡村振兴议题等。这些基金会在农村、城市不同的地区针对社区问题、儿童问题、环保问题等资助各类公益服务项目，每年的资助项目数量和资金量非常可观。社会工作者可以通过了解基金会的愿景与使命、历年的资助方向等，结合社区问题及需求进行活动项目策划及申报，以获得基金会的资助。

4. 个人捐赠

随着社会文明的发展和公益慈善参与渠道的拓展，个体参与公益活动的意识和行动力不断提升。《中国慈善发展报告（2021）》显示，由腾讯公益基金会主导的"99公益日"2020年在慈善资源募集方面再创新高：互动人次高达18.99亿，是2019年的2.15倍；5780万人次爱心网友通过腾讯公益平台捐出善款23.2亿元；加上爱心企业3.24亿元配捐和腾讯基金会提供的3.9999亿元配捐，总共募得善款30.44亿元。捐赠人次较2019年的4800万人次增长20.42%，募款金额较2019年的24.90亿元增长22.25%。在此启示下，社区工作者可通过民政部认证的多个网络募捐平台，设计公益项目挂在公募基金会下发起募捐，动员社区居民群众和社会大众参与公益捐赠，助困济弱，为解决社区公共问题奉献自己的力量，营造邻里和睦、守望相助的和谐气氛。

需要提醒的是，无论社区活动资金合作的主体是单位还是个人，双方都应签订合作协议，明确双方的责任与义务，有效规避社区活动开展过程中的风险，保障活动的顺利开展，同时要及时向社会公开捐赠清单和资金使用情况。

4.1.2　社区活动资源筹集流程及技巧

社区活动资源筹集（简称筹资）的流程可分为两个阶段，每个阶段需要开展的工作不一，技巧不一。

1. 准备筹资活动

（1）明确筹资目标和对象

在筹资之前要明确筹集哪些资源、需求的数量及向哪些单位和个人筹集。

（2）制定完整的活动方案

根据筹资对象的方案模板撰写活动方案，方案内容应该包括活动时间、地点、主要参加的服务对象群、活动内容及预算，需要注意不同资源方行文语言的差别。如果资源方没有固定的模板，可以自行设定，但要注意规范、专业和完整性。

2. 开展筹资活动

根据筹资对象的不同，具体的流程内容也不一样，但总的来说，"知彼知己，百战不殆"，在筹资前要对筹资对象有充分的了解，找到筹资对象的关注点和社区需求之间的结合点。

（1）面向政府部门的筹资

一是了解政府不同部门的年度工作重点，将社区活动和部门工作重点相结合撰写活动方案；二是主动联系部门负责人，上门拜访或陈述活动方案和目标，争取支持；三是如果达成合作意向，则应签订合作协议。

（2）面向企业的筹资

一是拟定有合作可能的企业名单，搜索企业的经营范围、服务群体，阅读其历年的企业社会责任报告，了解其关注的社会议题及社会群体。二是结合企业的关注点及社区的需求拟定社区活动方案和筹资方案。三是通过电话或网络联系负责公益活动的部门，简要说明来意并预约拜访时间。具体应该联系企业的哪个部门充满不确定性，如部分大型企业成立了企业社会责任部门专门负责公益活动，部分企业由党支部、人事部门或行政部门来负责公益活动。社区工作者可提前做功课。四是拜访企业，沟通交流活动的意义与目的，与企业文化、企业社会责任相结合，探讨合作的契合点。五是跟踪跟进。如果未达成合作意向，则感谢对方的聆听并留下联系方式，未来保持联络，以期合作；如已达成合作意向，则应就合作的活动方案进一步沟通完善，提升活动方案的可行性。六是签订协议，明确权利义务。协议签订后要保持联系及跟进。

（3）面向基金会的筹资

部分基金会每年或每两年有固定的申报时间，社区工作者可以关注不同基金会活动申报时间及要求并进行相应申报。除此之外，社区或社区工作者背后的社会组织也可以在有公募资格的基金会或者慈善组织下面设立专项基金，根据资助要求使用经费。专项基金可以接受特定资助方的捐赠，也可以向社会公开募集资金，以扩大专项基金的来源。

（4）面向社会公众的筹资

这种筹资需要与有公募资质的基金会合作才能开展。常见的面向社会公众的筹资形式有文艺演出活动、义卖活动、学术研讨会、特定节日活动、体育赛事、机构年会等。也可以策划特别事件活动，即通过特殊事件的安排来引起社会大众对活动组织或议题的关注。

为确保筹资的公信力和可持续性，一般在筹资和公益活动结束后，社区工作者应就资金使用情况和公益效果进行总结公示，并将公示信息反馈给捐赠人，增加公益项目与捐赠人的黏度，引导可持续捐赠。

4.1.3　实践案例：某社区"一元公益助禁毒"公益活动

1. 案例基本情况

为增强社区居民群众的全民禁毒意识，普及毒品知识，传播禁毒理念，社区工作者与某禁毒公益组织、市慈善会联合开展"一元公益助禁毒"宣传活动并组织社会公众捐款支持禁毒工作的开展。

活动在市禁毒办指导下，由某禁毒公益组织提供展示用的仿真毒品和志愿者，在社区人流量较大的区域开展禁毒宣传活动，通过对仿真毒品的展示，向过往社区居民讲解毒品种类、毒品危害、如何识别新型毒品等，并重点对新型毒品，如冰毒、摇头丸、K粉的危害做详细讲解，告诉社区居民如何拒毒、防毒。社区工作者还引导社区居民参与到"一元公益助禁毒"的公益活动中，通过线上和线下两种捐款方式，筹集善款帮助困境戒毒康复人员及其家庭。

2. 案例分析

活动通过多种毒品知识小游戏，进一步提升公众对毒品危害的认知，提高群众的防毒意识与能力，并通过"一元公益助禁毒"等门槛较低的捐赠形式鼓励群众主动参与禁毒宣传，这样既能为困境家庭提供实质性的支持，又能增加宣传效果和覆盖面，引导公众为构建无毒社会贡献力量。从筹资角度来看，该公益活动的资金来源于基金会（市慈善会）赞助和个人募捐筹集。由于本次筹资活动已明确资金用途主要用于对困境戒毒康复人员及其家庭开展一对一帮扶，每一笔善款都应用于有需要的戒毒康复人员及其家庭，不得挪作他用。

3. 活动反思

活动筹资方式多种多样，互联网公益比传统公益捐赠渠道更加便捷，它的便捷性也提高了捐赠行为的转化率。在这个活动中，将街头活动筹款与互联网公益相结合，将各类信息、需求、项目、资金等汇聚到一个平台上，并提供给捐赠者、基金会、银行、受益者一个入口，做到一键式操作，完成整个慈善公益活动。现场工作人员和志愿者可以高效促成所有的捐赠转化，能够极大地提高捐赠率。

4.2 社区活动的人员组织

4.2.1 社区活动服务对象招募

居民参与是社区活动开展的工作策略之一，社区活动通过促进服务对象的参与，能够提升他们参与社区治理的意识与能力，进一步扩大参与社区治理的居民队伍。社区活动服务对象招募方法如表 4.1 所示。图 4.1 为社区活动招募海报示例。

表 4.1　社区活动服务对象招募方法

招募方法	措施
外展宣传招募 （线下招募）	根据社区活动方案设计宣传海报、宣传单、宣传架等，在社区广场、公园、商圈、小区公告栏等人员聚集或人流量比较大的地方进行现场宣传招募，也可以联系小区物业在楼栋入口、电梯内张贴海报进行宣传招募
网络宣传招募	制作电子海报、视频、推文等，通过社交平台、公众号、视频号、网站等网络平台及网络社交工具进行宣传招募，最常见的就是在社区居民微信群发布活动通知和招募信息
关键人协助 宣传招募	对于某些特定的服务群体，传统的宣传招募方法往往无法抵达真正需要的服务对象那里，可以通过寻求关键人物帮忙宣传招募。例如，对于特殊儿童及家属、精神疾病康复者、单亲妈妈等群体，可通过群体内的关键人物跟这些群体有紧密联系的社区医生、民政专干、残联等帮忙宣传招募
定向邀请	对于特定服务对象的社区活动，可以定向邀请符合参加条件的服务对象

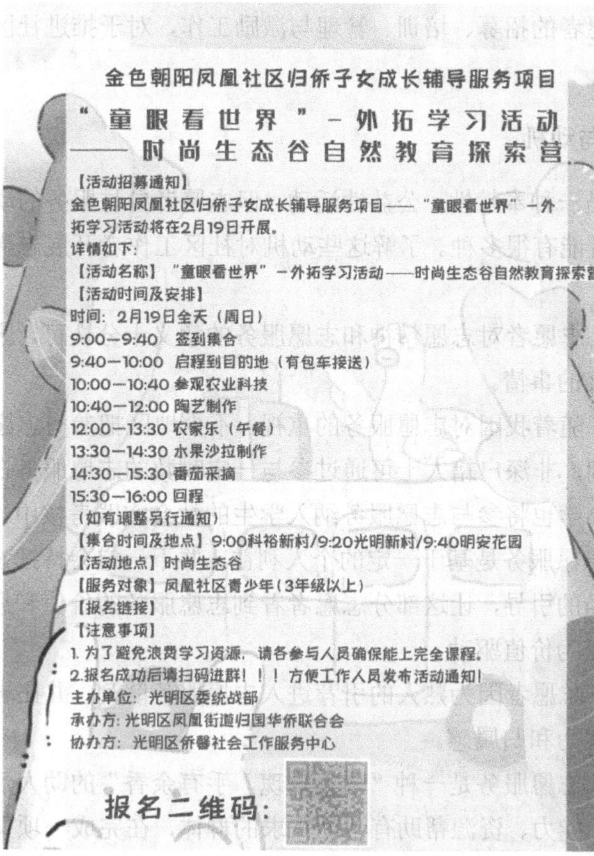

图4.1 社区活动招募海报示例

4.2.2 志愿者招募与培训

社区活动需要大量的人力投入,但社区资源的有限性决定了社区活动所需的人力资源很难用市场化的方式来完全解决,因此在开展社区活动的过程中,就十分需要社区志愿者的协助,而且从国家提出要打造共建共治共享的社会治理格局、打造"人人参与、人人有责、人人享有"的社区治理共同体角度来说,社区工作者需要引导这样的多元参与,推动社区居民以志愿服务或其他形式参与到社区公共事务当中,以期达到更高的社区自治水平。

目前社区的志愿者主要来源于两部分:一是社区工作者进驻社区后,通过活动或其他形式发掘、培养起来的志愿者,引导他们从受助者转变为助人者;二是招募社会上已有的志愿者。

社区志愿者是社区服务中不可缺少的力量,是"五社联动"①机制中的重要一环。

---

① "五社联动"是以社区为平台、社会工作者为支撑、社区社会组织为载体、社区志愿者为辅助、社区公益慈善资源为补充的新型社区治理机制。

因此，做好社区志愿者的招募、培训、管理与激励工作，对于推进社区志愿服务工作具有重要意义。

1. 志愿者的参与动机

志愿服务虽然是一种奉献性、公益性活动，但志愿者参与服务的动机并不一定都是为了奉献和助人，可能有很多种。了解这些动机对社区工作者开展志愿者招募和管理工作来说十分重要。

一是价值驱动。志愿者对志愿精神和志愿服务的意义十分认可，愿意投入时间和精力来促成这些有意义的事情。

二是利益驱动。随着我国对志愿服务的重视，不少地区把参与志愿服务写入相关条例中。例如，在深圳，非深户籍人士可通过参与一定时数的志愿服务在"积分入户"过程中加分，深圳中小学也将参与志愿服务纳入学生的社会实践考核中。因此，有部分志愿者最初选择投入志愿服务是基于一定的个人利益，并不一定会持续参与，但如果社区工作者能够给予适当的引导，让这部分志愿者看到志愿服务的价值和意义所在，他们的动机也很有可能转变为价值驱动。

三是情感驱动。志愿者因为熟人的引荐进入志愿服务队列，并在志愿服务队伍中充分感受到团队的凝聚力和归属感。

四是成就驱动。志愿服务是一种"赠人玫瑰，手有余香"的助人活动，志愿者投入自己的时间、精力、能力、资源帮助有帮助需求的群体，在完成一项又一项的志愿服务活动中得到施展才能的机会，也让自己的价值得到发挥，获得成就感。这样的成就感很可能驱动他们持续参与志愿服务。

五是权威驱动。志愿者收到上级领导部门或家长等的指令，迫于权威的压力参与志愿服务。

以上五种动机类型不一定全面，但基本概括了目前常见的志愿者参与志愿服务的动机。需要强调的一点是，无论是基于哪种动机类型的志愿服务都没有好坏之分，社区工作者不应该戴着有色眼镜来看待，让志愿者参与到志愿服务的过程已经是在进行志愿精神的传播。社区工作者可以结合志愿者的动机类型合理配置岗位角色，并思考如何引导志愿者的持续参与，以期培育一支有一定规模并较为稳定的志愿服务队伍。

2. 志愿者招募

（1）志愿者招募的原则

志愿者招募的关键在于把服务对象的需求与志愿者的能力特长结合起来，通过引导志愿者参与服务，推动服务目标的实现。同时，在这个过程中实现志愿者的个人目标，并发挥其最大潜能。因此，志愿者招募应遵循以下基本原则。

一是立足社区活动需求，科学制定招募程序和条件。社区工作者应该根据拟开展的社区活动的人力资源和内容要求等来设定志愿者招募的程序和条件，如这个活动需要多少名志愿者？是否需要有一定专业技能的志愿者？这个活动应该招募哪个年龄段的志愿者？志愿者如何报名和确认报名成功？是否需要安排志愿者面试和人选公示？一般情况下，社区工作者应鼓励社区居民积极参与志愿服务，因此，对于普通活动而言，对志愿者的条件不宜设太多门槛，但对于类似急救等专业要求较高的活动来说就需要设置一定的门槛。

二是遵循公开、竞争、择优的原则。除特别情况外，一般社区工作者招募志愿者时要向社区居民公开志愿者申请条件、报名方式、选拔标准和选拔程序等。此外，申请人申报和条件审核应遵循同样的程序，公平竞争，择优录用。

三是坚持以人为本的原则。志愿服务是双向选择的，社区工作者不能过于将自己的想法强加于申请人身上，要提倡社区居民自愿申请报名，并且应当与志愿者的年龄、知识、技能和身体状况相匹配，不得要求志愿者提供严重超出其能力的志愿服务，尊重其关于志愿者服务岗位和场所的选择。

四是权责明确。在招募志愿者时，社区工作者应当说明与志愿服务有关的真实、准确、完整的信息，志愿者的工作职责以及在志愿服务过程中可能发生的风险等，这些信息都会不同程度地影响申请人的选择。权责明确其实也是为了规避在志愿服务过程中由于信息不对称而引起的矛盾和纠纷。

（2）志愿者岗位类型

志愿者招募需要结合社区活动的服务岗位需求。根据社区活动的需要，可以将志愿者的岗位分为两种类型。

第一种是一般性岗位，如秩序维护、签到、会场指引、摊位负责人、奖品派发等。这种岗位没有特殊技术要求，志愿者只需经过简单培训就能胜任工作。

第二种是专业岗位。专业岗位不是任何人都能胜任的，需要志愿者拥有一定的专业技能及才能。这类志愿者包括义诊活动邀请的医生志愿者、法律讲座邀请的律师志愿者、大型活动邀请的急救员等。在开展此类志愿者招募时，社区工作者就必须考虑：这种岗位需要什么样的志愿者？在哪里可以招募到这样的志愿者？服务组织如何与这样的志愿者沟通？这样的志愿者需要什么样的激励机制？只有在充分考虑上述几个问题的基础上，才能利用网络发布招募信息。可以在所需服务的专业工作领域发放招募信息宣传单，也可以采用专家或其他人推荐的方式挖掘服务所需的人才。

（3）志愿者招募形式

社区志愿者招募有多种形式，归纳起来主要有以下四种。

一是活动招募。活动招募有声势大、宣传广、聚集人群多的特点。在活动中，往往有宣传横幅、海报、声像、活动节目等，能够产生强大的聚集效应，不仅可以有声有色地宣传招募工作，还可以通过活动让潜在志愿者对社区服务有更直观的了解并产生兴趣。同时，社区工作者可以通过活动来观察潜在志愿者的所言所行，选择合适的对象。但是活动招募需要耗费较多的人力、物力和财力，对活动的场所也有一定的要求，因此成本较高。

二是设点招募。有人将设点招募称为"摆摊"。在社区的某个地方摆上几张工作台，挂上宣传标语，准备相关资料，配备工作人员，就是一个简易的招募"摊点"。招募地点可以选择在潜在志愿者常出入活动的地方，如公园、活动中心、社区宣传栏、运动场等。设点招募具有设置灵活、便利、互动性强的特点，但有时也会因为不够显眼、影响范围较小等因素而影响招募的效果。

三是网络招募。社区工作者可以通过志愿者网站、社区公众号、QQ群、微信群等网络平台发布招募信息。网络招募成本低，管理便利，还可以进行实时交流与咨询，是目前社区最常见的一种招募方式。但此种招募方式需要有信息管理技术、网络平台等支持，且覆盖群体有限。网络招募对青壮年群体，如学生、企业员工等群体较为有效，但对移动设备没那么熟悉的中老年人和小孩等群体，则不一定能够覆盖到。

四是连带招募。有关调查显示，有相当一部分人开始参加志愿服务是应朋友、同事或熟人的要求，社区工作者可以从熟悉关联的志愿者群体开始，借助他们的力量把招募信息往外扩散，设法找到需要的志愿者人选。连带招募最大的特点是简单有效、可信度高，现有的志愿者、志愿者的亲戚朋友、服务对象、服务对象的亲戚朋友、社区邻里、退休人士等都可以作为连带招募的起点。

3. 志愿者培训

志愿者接受社区工作者安排参与志愿服务活动的，应当服从管理，接受必要的培训。培训工作是社区工作者介入志愿服务管理的重要环节，在促进社区志愿者的工作表现，使他们对工作更具信心，帮助他们发掘潜能，促进个人发展，增进工作满足感及提升志愿服务工作的整体素质等方面发挥着重要的作用。

（1）培训内容

社区志愿者培训内容十分广泛，主要包括通识培训、活动技能培训、素质拓展培训和管理方法培训等四大板块。

一是通识培训。通识培训是对新成员进行培训的基本内容，一般所有的志愿者正式上岗前都要参与通识培训。通识培训主要是让志愿者了解志愿服务的基本知识、基本情况，强化志愿精神，其主要内容可以包括：志愿服务的历史发展脉络和理念、志愿者基本礼仪、中国注册志愿者标志（图4.2）等志愿服务的基础内容；社区志愿服务的成员状况和组织结构、主要内容和程序、服务方式、组织体系等本地化的社区志愿服务通识内容。

图4.2 中国注册志愿者标志

二是活动技能培训。活动技能培训是根据每项志愿服务活动或岗位的不同工作要求进行有针对性的专门培训，旨在通过培训提高志愿者在某个志愿服务活动或某个项目中的服务技能，让他们了解服务对象的情况，使其更好地利用社区资源开展志愿服务活动。例如，社区即将开展高龄长者一对一定期探访活动，社区工作者邀请讲师为志愿者们做"高龄长者探访流程及技巧"主题培训；为即将参与社区大型中秋游园会的志愿者做活动前的培训。

三是素质拓展培训。这是层次较高的培训。高素质的受训者通常具有正确的价值观、积极的态度、良好的思维习惯和较高的目标。高素质的受训者可能暂时不缺乏对应某项志愿服务的具体知识和技能，但会为实现更高的目标主动地学习知识和技能。因此，社区工作者可以根据实际情况，适当增加素质拓展训练，如良性沟通技巧、团队合作等，让志愿者在了解社区基本情况、掌握活动技能的情况下，尽可能地提高自身素质，从而更好地完成志愿服务工作。

四是管理方法培训。这是针对志愿者骨干的一项培训。随着志愿者队伍的扩大和志愿服务内容的拓展，社区志愿服务队伍的管理压力会不断增大，这时社区工作者就需要培养一些志愿者骨干成为队伍中的管理者角色，如组长、队长等，使其发挥更大的潜能和作用。提拔志愿者骨干也是为了让志愿者有更好的发展平台，使其在更大的维度上实现自我，获得成就感。但志愿者骨干并没有经过专业训练，成为管理者角色后如何带好自己的志愿者小队伍、策划和组织好队伍的志愿服务等，这些都是急需解决的问题。社区工作者可以为志愿者骨干开展如何做好一个管理者、志愿服务队伍管理与发展、志愿服务项目策划、志愿服务活动宣传等培训，帮助他们更好地适应身份和责任的转变。

（2）培训形式

一是集中培训与分散培训相结合。社区志愿者数量日益增多，志愿者队伍不断壮大，加上志愿者在性别、年龄、文化背景、基本知识、学历、工作岗位、空闲时间等各方面都不一致，不能只靠把志愿者集中起来进行统一培训的方式。对一些比较专业的知识、理论和技能的传授，需要聘请专业技术人员进行讲解，采取相对集中的方式，而志愿者培训的大部分内容则采取分散、自由、灵活、小范围学习的方式，这主要是由于社区志愿者住得比较分散，还有自己的学习和工作要完成，所以分时、分地、分群学习是更有效的方式。

二是面授培训与网络培训相结合。面授培训由相应的专家学者、资深社区工作者等进行现场讲解，可以采取专题讲座法、案例分析法、角色扮演法、互动式体验法等方式，使社区志愿者能够较全面、生动地了解相关知识，同时，有疑问也可以及时提出并进行探讨。网络培训则可充分利用互联网信息技术的发展，使分布在不同地方、具有不同学习时间的人能够利用网络浏览器进入相关网站接受培训。这种方式灵活、方便，可以在一定程度上解决志愿者居住分散、时间难以协调等阻碍培训发展的难题。

三是长期培训与短期培训相结合。志愿者培训内容既包括基本知识，又包括操作技巧，因此针对不同内容可以灵活选择长期培训还是短期培训。例如，现在进入社区服务的志愿力量，有一部分来自学校，那么就可以和学校合作，有计划地在学校培训一些有志服务于社区的学生志愿者。社区志愿组织也可以招收一批人组成志愿者骨干队伍，进行长期的培训和开发。短期培训则主要是采取比较灵活的、集中紧凑的方式，让志愿者能在较短时间内掌握一些易学的知识和技能。只有将长期培训与短期培训结合起来，才能保证社区志愿者在整体上形成良好的队伍结构，从而能更好地分类、分工为社区服务。

（3）志愿者激励

为鼓励志愿者的可持续参与，社区工作者可以设计符合社区实际的志愿者激励制度，对持续参与、表现优异的志愿者给予荣誉、平台、物质等方面的激励。目前最为常见的志愿者激励方式是评优及总结表彰，通过影响力活动向表现优秀的志愿者颁发荣誉证书。此外，各地也在探索爱心银行、文明银行等模式，引导公益商家捐赠公益物资或优惠，通过实实在在的福利激励志愿者。志愿者的激励不是必需的，但从团队管理的角度来说，适当的志愿者激励有助于激励可持续参与。

4.3　社区活动的物资筹备

4.3.1　社区活动物资的分类

社区活动开展之前需要准备活动过程中需要用到的设施设备、物资物料，以保证活动顺利开展。但活动所需的物资往往很多、很杂，如何在纷繁复杂的物资中找到规律，更高效地推进活动开展呢？这时，对活动物资进行分类就很有必要。社区活动物资分类是指根据一定的标准，科学合理地划分社区活动物资类别，进行系统排列，从而帮助社区工作者清晰明了地核对存量物资和需要采购物资的数量，合理判断活动中的物资消耗量，编制活动物资供应计划。

1. 社区活动物资的类别

第一类是场地布置物资，它是使活动现场具备开展活动基本条件和营造现场氛围的必需物资，如活动背景板、音响、红地毯、桌椅等。这类物资通常都是固定资产，价格较高，如不常用可考虑以租赁的形式使用。

第二类是宣传物资，用于配合活动主题和内容进行可视化的宣传，并增强活动的标识性，如宣传展板、横幅、宣传单张、易拉宝等。宣传物资应尽可能凸显社区标识或本场活动的标识，加深人们的印象。

第三类是活动道具及设备，即在活动的不同环节可能需要用到的辅助道具，如游戏道具、计算机、投影仪、照相机等。

第四类是文件物资，包括签到表、活动反馈表、问卷、物资签收表等，这些文件资料通常都需要纳入活动资料存档。

第五类是活动奖品或纪念品，即在活动过程中或结束后用于激励参与者的活动物资。

2. 社区活动物资分类原则

为了方便管理和使用，在对社区活动物资进行分类时需要遵循以下原则。

① 做好标记原则。所有的物资在分类时都要做好标记，注明物资名称、在哪个环节使用，以便取用时不需要花大量时间翻找。

② 符合流程原则。尽可能按活动流程先后顺序摆放，方便在不同活动阶段随时取用。例如，对于一个大型社区活动，可以将所有物资分为筹备阶段的物资和活动过程中的物资。

③ 方便取用原则。物资分类不要为了分类而分类，要使每个人在不同环节中能方便取用。

4.3.2 社区活动物资管理

社区活动物资管理是社区工作者对整个社区活动所需物资的租借、采购、保管、发放和回收储存等各项管理工作的总称，目的是通过物资的良好管理，使其配合社区活动正常地按计划进行，完成预定的活动内容。

社区活动物资管理的内容主要涉及三个方面：质的管理、量的管理、价的管理。质是指所供应活动物资的产品质量，量是指活动物资的使用数量，价是指活动物资的采购价格。也就是说，在保证社区活动所使用物资质量的前提下，既要控制活动物资的使用数量，力争在物资消耗上做到少投入，又要控制活动物资的采购价格，力争在采购资金上做到少投入。

1. 社区活动物资管理的重要性

对社区活动物资的科学管理，是充分利用各种物资资源、发挥资金效用、提高社区活动管理水平、获取最佳活动效果的一个有效途径和重要手段。随着社区活动内容和形式不断丰富，活动参与居民人数不断增多，活动物资种类会不断增加，社区活动物资的管理工作会越来越重要。

2. 社区活动物资管理的任务

社区活动物资管理的任务是以社区活动的顺利组织为中心，经济合理地组织物资资源，以最低的采购成本、最优的物资质量、最佳的供应方式保障社区活动的物资需求。具体包括以下内容。

（1）保证活动物资及时供应

通过互联网或本地的商业主体广泛进行市场调查，了解常用物资的市场信息，熟悉物资供应渠道及社区周边的物资资源情况，做到心中有数；根据社区活动的时间点安排采购、组织进货，做到供应及时；与社区活动的开展保持深度同步，及时掌握现场物资的余缺情况，既要做到适时、适量、适质、适价、适地地保证供应，又要防止因超供而造成不必要的浪费。

（2）保证活动物资质量

合格的活动物资是实现活动目标的前提。社区工作者可以按照质量管理体系的要求和方法筛选合格的活动物资，达到对物资的质量控制，要求供应商提供的产品必须符合具体的产品质量要求。尤其是对于游戏互动环节中可能会带来一定安全隐患的物资，如拔河用的绳子、实验装备等，需要提前检查其质量。

（3）降低活动物资成本

活动物资的费用一般占到了社区活动成本的60%以上，对活动物资的费用控制是控制社区活动费用支出的重点。控制活动物资成本，主要通过控制"物耗"和控制"物价"来实现。控制"物耗"是指尽可能保护好相应的物资，使其能够多次使用，实现效益最大化。控制"物价"是指在确保质量的前提下，尽可能购买价格较低的物资，如果多个活动都需要用到某种物资，则可一起购买，争取更优的价格和优惠。

4.4 社区资源整合

4.4.1 社区资源整合四部曲

社区能够为社区活动提供的资金等支持是有限的，很多时候需要社区工作者去整合社区内部和外部的资源。社区资源整合是指将能够满足社区开展各项服务和活动需求的一系列自然、文化、组织等资源进行整合，用于开展社区活动，促进社区发展。从资源为本的视角来看，社区资源无处不在。从资源种类来看，社区资源包括物质资源、信息资源、文化资源、自然资源、人力资源、组织资源以及综合资源。从资源来源来看，社区资源既包括社区自有资源，也包括社区单位资源、外部资源。从资源成熟度来看，社区资源既包括现有资源，也包括潜在资源。只有认识到社区资源的全面性、多样性，才能够充分发掘和最大限度地使用社区资源。

本书综合实务经验探索，认为社区资源整合有四部曲：资源识别、资源对接、资源配置、资源维系。

1. 资源识别

资源虽然无处不在，但需要通过识别、发掘、了解才能够进一步使用。因此，资源整合的第一步就是要进行资源识别，即了解社区有什么类别的资源、这些资源在哪里、有什么特点等。

社区资源分类法是一种能够很好地帮助社区工作者识别和分类社区资源的一种方法。社区资源的分类没有统一的标准，社区工作者从目前多种常见分类方法中挑选适用的结合使用即可。本书以张和清教授等在《社区为本的整合社会工作实践：理论、实务与绿耕经验》中梳理的"人、文、地、景、产"五分法基础上，从社会治理角度加上十分重要的"治"维度，从而形成社区资源六分法，即"人、文、地、景、产、治"（表4.2）。

表 4.2 社区资源六分法

资源类别	示例说明
人	社区里出现过的历史人物，住在社区里的文学家、艺术家、工艺师或具有特殊专长（如舞艺、厨艺、讲故事等）的人物
文	有特色的文化生活、习俗习惯、节日庆典、历史故事、民间传说或文化活动、传统技艺、传统美食、老地名或故事、老建筑或庙宇，甚至地道的口音和用语
地	气候特色、生态资源、地形地质特色、动植物资源等
景	自然景观，如梯田、栈道、特色建筑物
产	一级产业（农林牧渔，采收后可直接出售）； 二级产业（豆干、泡菜、柠檬膏等加工品）； 三级产业（乡村旅社、餐饮、礼品等）； 四级产业（文化创作、生活体验）
治	社区内的各政府机关部门、社会组织、社区团体、企业等组织及其背后的政策、人力、物力、财力、智力等资源

上述社区资源六分法表格更多是为社区工作者在识别和发掘社区资源时提供一种框架性的视角，帮助其开阔视野，具体使用时还需要结合实际情况来看。例如：对于"人"的资源，还可以将其细分为能人、德人、有心人、闲人等四类（图 4.3），将这些人找出来组成社区的人力资源库，引导他们以不同的角色参与社区活动；在开展社区睦邻活动时，社区工作者可以在"景"这类资源中挑选较有地标性的景观或建筑作为活动场地，融入"文"这类资源中的本地文化特色，以共同记忆和社区特色将社区居民拉得更近，营造一种共同感。

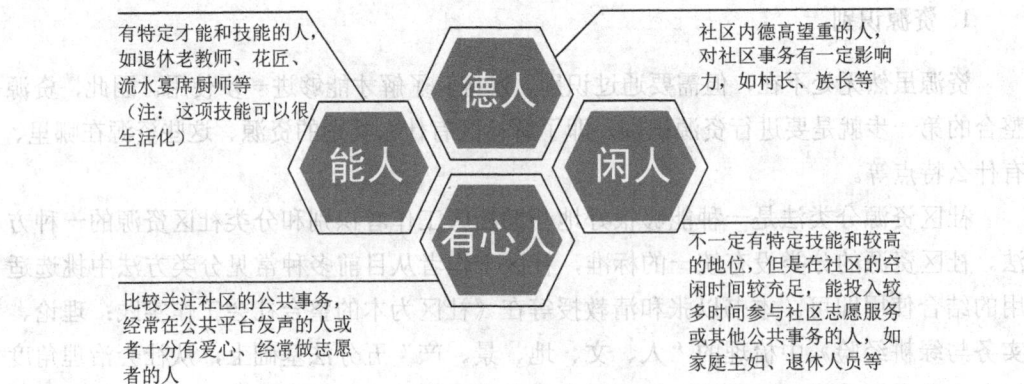

有特定才能和技能的人，如退休老教师、花匠、流水宴席厨师等（注：这项技能可以很生活化）

社区内德高望重的人，对社区事务有一定影响力，如村长、族长等

比较关注社区的公共事务，经常在公共平台发声的人或者十分有爱心、经常做志愿者的人

不一定有特定技能和较高的地位，但是在社区的空闲时间较充足，能投入较多时间参与社区志愿服务或其他公共事务的人，如家庭主妇、退休人员等

图 4.3 社区人力资源分类

2. 资源对接

虽然社区工作者可以通过社区资源分类法识别和发掘很多社区资源，但没有被赋予价值和意义的资源都是无效的资源，只能"躺"在社区工作者的资源清单中。因此，有了资源清单后，社区工作者要结合社区的需求，将需求和资源对接起来、用起来。这对社区工作者有三个要求：一是对社区的需求有清晰和准确的认识，知道社区需要什么；二是对社区资源保持一定的敏感性，知道某项资源可以怎么用、用到哪里；三是主动对接，主动上门找到资源供给方，争取资源的供给。

为了更好地训练这种资源对接的思维，下面用一个药房的案例来说明。

A社区位于某县老中心区域，辖区以城中村为主，虽然环境没那么新，但由于地处老中心的优势，商业、生活等各项条件较为便利，尤其在城中村内有一条商业街，十分繁华。A社区的社区党群服务中心就坐落在这条街上，社区工作者老王通过社区调研了解到这里有一个药房，其老板十分热心公益，愿意参与社区公益活动，甚至愿意适当拿出店里的资源给有需要的人。老王认为这是一项很好的资源，按照"药房有什么—药房的资源可以怎么用"逻辑来对该资源进行分析，得出如图4.4所示的分析结果。老王综合社区慢性病老年人较多，但缺乏科学的自我照顾知识的现实情况，以社区工作者的身份主动上门拜访，与药房老板协商，希望药房团队每个季度在社区投入健康检查设备和专业医生资源，联合开展老年人义诊及慢性病自我照顾技巧讲座。药房老板评估后觉得

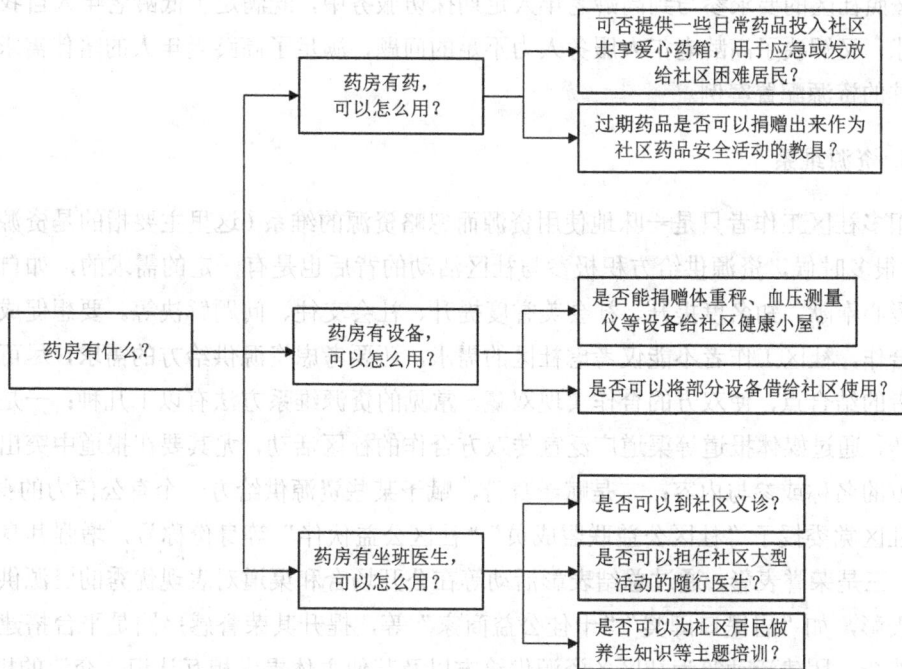

图4.4　药房资源使用分析图

活动十分有意义，投入成本不算高，又能提升药房的社会形象，于是很爽快地答应了。该活动已在 A 社区连续开展了三个季度，深受社区老年人的欢迎，无论是社区还是药房，都得到广泛的好评，美誉度大大提高。

3. 资源配置

资源配置是指社区工作者根据资源的不同特征配置资源，采取组织、培训、咨询、合作等不同方法进行弹性使用，以保障资源能够被有效地协调和使用，发挥资源的最大效用。除配置现有资源外，社区工作者还要注重潜在资源的培育和配置。例如，A 社区老年人较多，占常住人口的 40%，社区老年服务压力很大，但由于经费限制，目前社区难以投入更多的人力、物力资源来进一步提升服务覆盖面。社区工作者通过调研发现，社区老年人虽然多，但六成左右是 60～70 岁的低龄老年人，他们身体较为健康，且刚从工作岗位上退下来没多久，生活较为单一，很希望能投身公益慈善，退而不休，实现自我。社区工作者结合这一特点，在这批低龄老年人中通过自荐和他人推荐的方式挑选近 30 人组建了一支 "A 社区助老志愿服务队"，为他们提供高龄老人探访和沟通技巧等培训，引导他们与社区目前需要重点关注的 100 名高龄且处于困境的老年人两两结对，每月安排至少一次上门探访陪伴，及时了解高龄老年人的困境和需求，送去社区的关爱。这个案例中的低龄老年人有时间、有精力，热心，是社区的潜在资源，但一直没有被激活。社区工作者通过资源配置的方式，将这批人组织起来，通过培训使其具备一定的能力，按照社区的要求参与到高龄老年人定期探访服务中，既满足了低龄老年人自我实现的需求，又解决了高龄老年人服务人力不足的问题，满足了高龄老年人的陪伴需求，属于较佳的资源配置案例。

4. 资源维系

很多社区工作者只是一味地使用资源而忽略资源的维系（这里主要指的是资源供给方）。很多时候，资源供给方积极参与社区活动的背后也是有一定的需求的，如自我实现、爱心奉献、知名度提升、社会美誉度提升、社会交往、问题解决等。要想促成更长久的合作，社区工作者不能仅考虑社区的需求，还要考虑资源供给方的需求，尽可能找到两者的结合点，使双方的合作实现双赢。常见的资源维系方法有以下几种：一是影响力宣传，通过媒体报道等渠道广泛宣传双方合作的社区活动，尤其要在报道中突出资源供给方的名称或参与内容；二是赋予身份，赋予某些资源供给方一个有公信力的身份，如由社区党委授予 "社区公益联盟成员" "社区公益伙伴" 等身份称号，增强其身份标识感；三是荣誉表彰，通过总结表彰活动等在公开场合和渠道对表现优秀的资源供给方进行表彰，如 "居民口碑奖" "十佳公益商家" 等，提升其荣誉感；四是平台搭建，通过座谈会、团建活动等为社区各资源供给方以及其他主体提供相互认识、交流的机会，通过情感牵绊、资源互惠共享等方式增强团体的凝聚力。

4.4.2 实践案例：聚光联盟——光明社区治理服务联合体

1. 案例基本情况

光明社区位于深圳市光明区光明街道中心区，这里人文荟萃、绿意盎然、生机勃勃。辖区土地面积 2.94 平方公里，现有 13 个居民小区，2 个城中村片区，总人口 3.7 万人，虹桥公园、区文化艺术中心、区图书馆、深圳实验小学等落户社区。光明社区是光明街道打造城市会客厅、科学新家园的中心位置，辖区商铺林立，治理结构相对复杂，存在社区治理压力大、资源整合不足等问题，尤其民政重点服务对象多，服务需求显著。2021年，恰逢中国共产党建党 100 周年，为积极响应党的十九大，十九届四中全会、五中全会关于打造共建共治共享的社会治理格局，建立人人参与、人人有责、人人享有的社会治理共同体等要求，光明社区党委践行初心使命，贯彻落实"我为群众办实事"，充分发挥辖区资源丰富的优势，组建"聚光联盟——光明社区治理服务联合体"（以下简称聚光联盟），探索长效的多元参与社区治理机制，营造社区治理共同体，为居民提供精准化、精细化服务。

聚光联盟是由光明社区党委发起组建的一个资源整合型组织，由光明社区辖区范围内外的企事业单位、商家、社会组织、社区团体等组成。"聚光联盟"取"凝聚每一束有服务意愿的光束，照亮光明社区每个角落，共建零距离家园"之意。2021 年 4 月起，由光明社区党委和第三方专业机构组建聚光联盟筹备工作组，开展"寻光"之旅，利用 3 个月时间对辖区企事业单位、公益商家、社会组织等进行广泛调研、实地走访、约谈以及宣传，通过自荐、推荐等方式，首批共计 22 家单位及团队共同组建聚光联盟，涵盖银行、综合医院、眼科牙科诊所、博物馆、大型国有企业、心理服务中心、社会组织、教育机构、中医理疗馆、早教中心、美发中心等多个类型，能够满足居民多元化的服务需求。

聚光联盟建立民生服务"点菜"机制，将居民需求和联盟服务资源相互匹配。每个联盟成员在申请加入时均结合自己的长处和优势，罗列出特有的公益服务清单，如眼科诊所提供眼科义诊和护眼讲座、美发机构提供义剪、金融机构提供反诈骗讲座等。社区党委通过互联网工具将服务清单变为线上"菜单"共计 31 项，通过居民群、扫楼宣传、小区业主群等渠道发布和宣传，居民只需要动动手指就可以在网上"点菜"，选择自己所需的服务。社区党委安排党建组织员定期在后台进行数据分析，发布居民"点菜"情况，并根据"点菜"情况邀请联盟成员优先开展群众需求性和满意度更高的活动。运作一年多，聚光联盟开展了多场"我为群众办实事"红集市、"服务进小区"、"送课进社区"、困难群体探访等活动，服务近万人次，先后获得晶报、深圳晚报、光明融媒、光明先锋等市、区两级媒体报道，并获得"圳·治 2021——深圳治理现代化优秀案例"的荣誉。

2. 案例分析

该案例充分发挥社区党委的引领作用，整合社区内的企业、组织资源为社区所有，实现社区内分散资源的聚拢，将资源与社区需求相匹配，切实解决社区民生"微"问题。社区党委以往在开展社区治理工作时，也会根据社区需求整合相应的资源，但这样的合作往往是一次性、运动式的，缺乏一种长效机制。聚光联盟的组建，畅通了社会力量参与社区治理的渠道，为社会力量参与社区公益服务创造了平台，同时也为联盟成员创造了扩大社会影响力的机会，可以做到优势互补，从而实现多赢。实际上，不少社区主体是希望参与社区公益服务的，但还找不准门，有了社区公益联盟这样的方式，做公益服务就能就近找到组织了。

3. 应对与反思

随着国家基层体制改革的深入和发展，以前以"单位"为中心的管理模式已经转变为以"社区"为中心的治理模式，大量的公共事务已经转移到社区，这使得社区越来越多地影响着人们的生活。为了提升社区居民的生活幸福感、获得感，社区着力聚焦于解决社区居民所面临的实际问题，创造出更多的条件和资源服务社区居民。类似聚光联盟这样的社区公益联盟，不仅搭建了党建引领社会力量常态参与社区治理的机制，打造常态化的共建共治共享社会治理格局，更创新了民生服务输送机制，实现精细化、精准化服务的输送，是为人民群众谋幸福、办实事的一种好做法，值得推广借鉴。

第5章　社区活动实施过程

社区活动的实施是社区工作者开展社区活动的组织与管理过程，它通常在筹备工作完成后开始进行。一个完整的社区活动通常可以分为筹备阶段、实施阶段和结束阶段。整个活动的实施阶段是直接面向所有活动参与者的部分，对活动的效果、活动影响力起着决定性的作用，在整个社区活动中至关重要。实施阶段的重点在于能够按照策划好的工作方案稳步推进，其间要注意推进的策略、方法。为了保证社区活动的正常、高效实施，需要在活动过程中做好时间进度、服务品质、预算、人员激励四个方面的管理。

理论学习目标

1. 认识时间进度管理的内容和工具。
2. 了解服务品质管理。
3. 认识预算管理。
4. 了解人员激励的理论与方法。

实践学习目标

1. 掌握时间进度管理的方法。
2. 掌握品质管理的方法。
3. 掌握预算管理的方法。
4. 掌握人员激励的策略。

5.1 时间进度管理

时间进度管理是指对社区活动筹备阶段、实施阶段、结束阶段要完成的不同工作任务进行时间的计划、分配等，它贯穿于整个社区活动的始终。在活动的实施过程中，制定出一个科学、合理的活动时间进度计划，并对时间进度进行合理的控制和管理，能够帮助活动更加顺利地开展，降低风险。

5.1.1 时间进度管理的内容

为保障社区活动的顺利开展，社区工作者必须先拟定出一个切实可行的、科学的时间进度计划，然后按计划逐步实施。一般在活动的筹备阶段、实施阶段、结束阶段，都需要详细列出各阶段要完成的工作及其完成的具体时间，这样可以最大限度地保证各项工作按时完成。

1. 筹备阶段

筹备阶段的时间进度管理如表 5.1 所示。

表 5.1　筹备阶段的时间进度管理

工作任务	注意事项
1. 完成社区活动策划书的撰写	活动开展前一个月，依据社区调研情况，立足社区实际，针对本次社区活动的背景、主题、目标、类型等，以书面的形式呈现出具体社区活动设计及其实施过程。一般 3～5 天完成
2. 明确宣传方式	根据服务目标群体的群体特征和接收消息的习惯，选择适当的宣传方式，尽可能顺应时代发展潮流，充分发挥互联网信息传播优势，实现线上宣传与线下宣传的有效结合。制作宣传招募海报、链接、通知等，并与相关方沟通宣传协助事宜，一般需要 3～5 天
3. 完成人员招募	首先是招募志愿者。依据实际活动需要招募足够的志愿者，并开展相应的必要的岗前培训，确保志愿者在开展社区活动中的有效协同。岗前培训内容可围绕服务对象的特征、活动环节的协同等方面展开。其次是招募服务对象，结合社区活动的类型、社区活动的规模等重要信息，明确服务对象的招募渠道。人员招募工作一般 7 天左右完成。 值得注意的是，在开展社区活动的过程中，较难规避服务对象临时出现其他事宜导致不能参与社区活动的情况，因此在距离社区活动开展的前 3～5 天，应当根据前期甄选的名单确认服务对象的出席活动情况，留有备选名单以便出现临时情况，如物料浪费、出席率低等情况。此外，为了方便与志愿者和服务对象的及时沟通，可以在招募时便建立活动临时的线上沟通群，活动结束后再将该群解散
4. 完成物资准备	依据社区活动物资清单，按照预算购买活动所需活动物资，并确保所购买的活动物资满足活动要求。活动前清点、整理全部活动物资，以保证活动能顺利进行。如遇开展户外活动或开展活动场地离党群服务中心较远的情况，需要对照所需物资清单对社区活动需求物资进行打包，并做好相应的登记。物资采买一般在 3 天左右完成

工作任务	注意事项
5. 完成活动场地布置	场地布置主要是创设与活动主题相适应的活动氛围,包括舞台装饰、设备调试、座次安排、横幅悬挂等。场地布置需要提前将活动物资运到活动场地,一般需要花费 0.5～1 天完成整个布置工作。部分活动甚至需要多次提前踩点以便于选到最合适开展活动的场地。在社区活动场地的布置阶段应当充分考虑开展活动的频次、范围及服务对象人群的特殊需求。例如,开展儿童主题系列活动,需要着重考虑活动场地的大小、舒适性、安全性等多方面因素

2. 实施阶段

实施阶段的时间进度管理如表 5.2 所示。

表 5.2 实施阶段的时间进度管理

工作任务	注意事项
1. 活动签到	活动签到分为三个部分,即工作人员签到、志愿者签到、服务对象签到,每类对象均应单独设置签到表。工作人员和志愿者在大中型活动时提前 1～2 小时签到,小型活动时提前 1 小时签到,做好场地布置、活动分工、物资搬运等工作。服务对象一般提前半小时签到,保证活动可以准时开展。如果距离活动开始不到 15 分钟还有服务对象未到达,工作人员可以打电话了解情况,如果活动开始时间已到,但超过 30%的人员仍未到达,则工作人员应根据现场情况考虑是否适当延迟开始时间
2. 活动分工	活动统筹人在所有工作人员和志愿者签到完毕后,根据活动内容进行现场分工,保证活动现场各个流程和区域活动有序实施
3. 活动开展	活动开展是整个活动环节的核心阶段。活动的开展要依据活动方案和流程进行,现场负责人要做好时间和流程控制,灵活应对现场出现的各种突发情况,推进活动有序、顺利开展
4. 活动总结分享	主要的活动环节进行完毕后,社区工作者应对本次活动进行适当的总结,并引导参与人员进行分享。在这个过程中,社区工作者可合理运用"4F"方法①有框架地引导参与人员分享。总结分享时间没有硬性规定,可根据实际情况而定,一般最短不低于 10 分钟,最长不超过 1 小时
5. 评估反馈	社区工作者在活动即将结束时,需要对本次活动进行评估反馈。在每次活动结束后,社区工作者都应根据活动内容和目标进行现场居民访谈,引导活动参与者完成活动满意度调查等,了解活动效果,收集活动意见与建议等。 现场评估反馈的意义在于能够巩固和深化服务成效。为吸引居民持续参与社区活动,活动结束后可以抓住机会宣传社区的服务,预告未来一个月或一年的活动安排,吸引居民关注并邀请其关注社区公众号或加入社区微信群、QQ 群等

3. 结束阶段

结束阶段的时间进度管理如表 5.3 所示。

---

① "4F"方法也称 4F 回顾法、动态引导反思法,是英国学者罗杰·格里纳韦(Roger Greenaway)提出的引导技巧。罗杰·格里纳韦归纳出四个"F"的提问重点,即 facts(事实)、feelings(感受、体会)、findings(发现)、future use(未来的运用)。首先,摆事实讲道理(facts),针对这些事情,挖掘自己的感受、情感、体会(feelings);其次,寻找产生这些感受、情感、体会的原因(findings);最后,针对上述回顾,写出切实可行的解决措施及未来的尝试实践(future use)。

表 5.3　结束阶段的时间进度管理

工作任务	注意事项
场地清理	活动结束后，需要组织人员进行场地清洁、设备复原、物资回收等，一般在活动当天完成。场地清理除社区工作者和志愿者参与外，也可视情况邀请服务对象参与
活动复盘	社区工作者和志愿者一起回顾复盘活动过程中的成功经验以及需要改进的地方，一般在活动结束后现场完成。大型活动可以另找时间专门进行复盘
文书归档	撰写活动总结和新闻稿，将相关文本资料（如策划书、海报、照片、满意度调查表等）归档管理，一般在活动结束后 2~3 天完成。其中，新闻稿是有时效性的，建议在活动当天便完成撰写，争取第二天可以发布

5.1.2　时间进度管理工具

为有序管理社区活动的时间进度，社区工作者可以利用甘特图（Gantt chart，见图 5.1）等工具。甘特图是项目管理中常用的一种图表类型，通过活动列表和时间刻度表示特定项目的顺序与持续时间。甘特图通过条状图形来显示项目、进度和其他与时间相关的系统之间的内在关系随时间的进展情况，直观展示计划何时进行、进展与要求的差距。它以提出者亨利·劳伦斯·甘特（Henry Laurence Gantt）的名字命名。甘特图还可以被作为活动追踪工具，用来评价计划和实际进展之间的差别。它的优点是易于操作、容易理解、便于更新和控制，有助于识别资源需求以及分配资源。甘特图使用较为灵活，除工作任务和时间安排外，还可以在图中添加多项信息，如相关负责人、所需资源等。

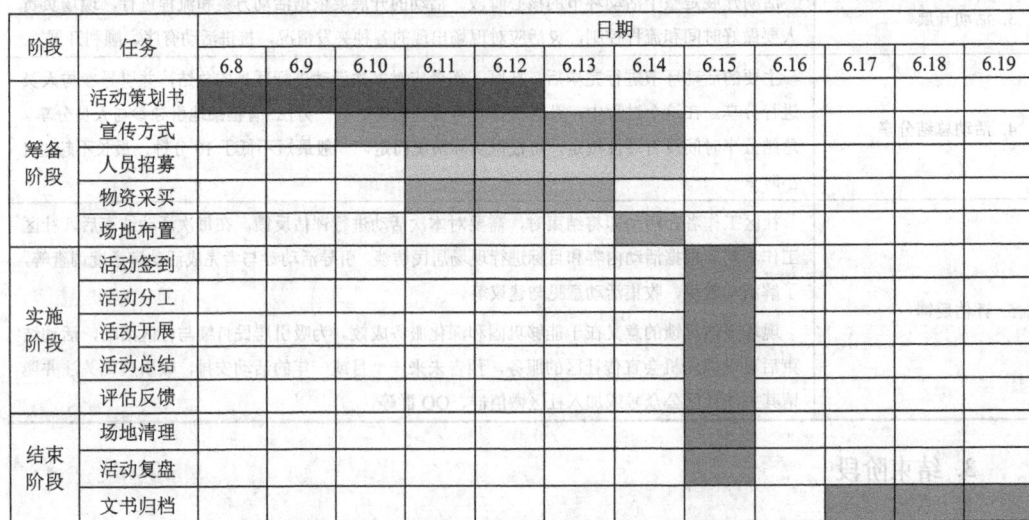

阶段	任务	日期											
		6.8	6.9	6.10	6.11	6.12	6.13	6.14	6.15	6.16	6.17	6.18	6.19
筹备阶段	活动策划书												
	宣传方式												
	人员招募												
	物资采买												
	场地布置												
实施阶段	活动签到												
	活动分工												
	活动开展												
	活动总结												
	评估反馈												
结束阶段	场地清理												
	活动复盘												
	文书归档												

图 5.1　甘特图示例一

对于图 5.1，需要做以下几点说明。

① 图中连续的色块表示某项工作拟安排的具体日期。例如，在图 5.1 中，活动策划书一行在 6.8~6.12 列标记了色块，代表社区工作者应按照计划在这 5 天时间内，完成

社区活动策划书的撰写。

② 各任务的具体日期可根据社区活动的实际需要进行调整。考虑到有些大型活动可能时间跨度较长，需要花费几个月的时间准备，还可以在日期一栏不标注具体的日期，只写月份。

③ 在结束阶段或最后一列还可以根据实际情况增加 1~2 列，写出任务负责人和所需资源，方便明确分工和准备所需要的资源。

甘特图没有固定的模板，社区工作者可以根据活动的需要进行任务分解，充分讨论后确定每个任务的负责人和需要完成的日期。随着甘特图使用越来越普及，目前市面上有很多可制作甘特图的软件，社区工作者可以借助这些软件制作出更加精美和细致的甘特图（图 5.2、图 5.3）。

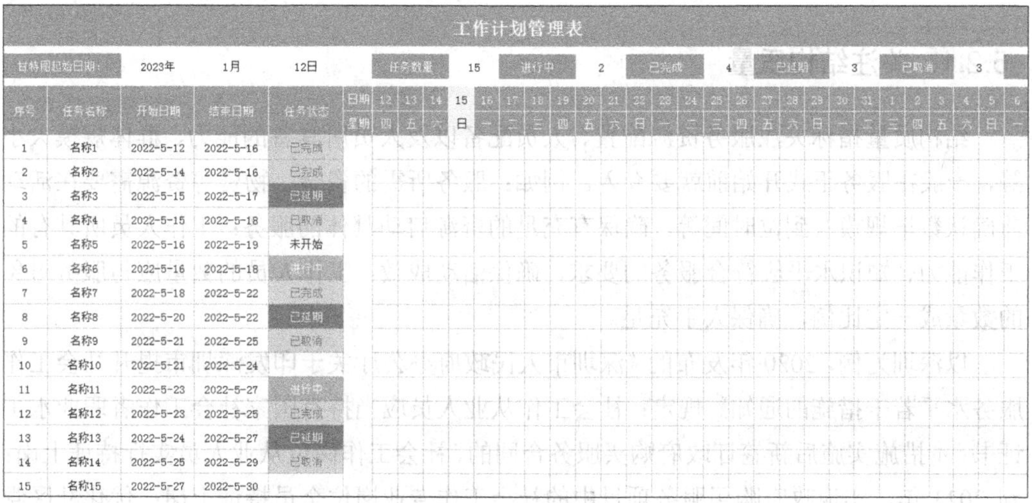

图 5.2 甘特图示例二

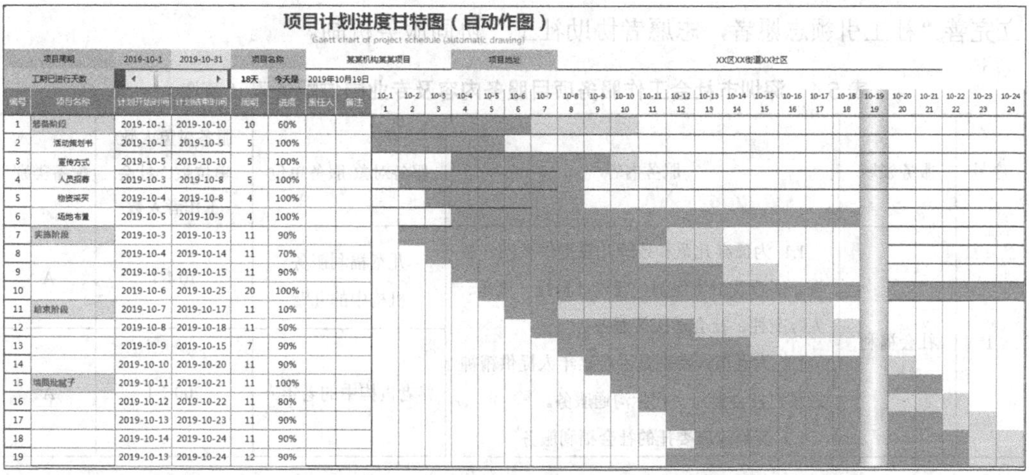

图 5.3 甘特图示例三

5.2 服务品质管理

服务品质管理是指在社区活动过程中，社区工作者对社区活动的可信度、及时性、专业性以及设施设备进行管理，以确保服务的质量和目标的实现。服务品质管理的目的是规范服务实施，明确质量控制责任，促使服务质量不断提高。

服务品质管理的要点是建立社区服务的品质管理机制，推行全员参与、全面控制、持续改进的综合质量管理体系，使品质管理贯穿于整个社区服务的全过程，引导各个环节相扣、相互督导、相互促进。

社区活动的服务品质管理机制可以通过结构质量、过程质量和结果质量来介入。

5.2.1 关注结构质量

结构质量指标关注服务资源配置、人员配备以及人员所具备的能力、群体规模大小等，一般在服务正式开始前就要介入。例如：服务所需的资金、物资等资源需要在活动前确认数量规模及到位时间等，确保有充足的资源启动具体的服务；工作人员所具有的工作能力、知识水平应符合服务的要求，确保活动成效；工作人员的数量应与服务对象的数量成一定比例，确保人手充足。

以深圳为例，2020 年发布的《深圳市人民政府办公厅关于印发深圳市提升社会工作服务水平若干措施的通知》规定：社会工作从业人员应当持有国家社会工作者职业水平证书；本措施实施后新签订政府购买服务合同的，社会工作岗位从业人员实行持证上岗；到 2023 年，实现政府购买服务项目中的社会工作专业岗位全员持证上岗；优化社区党群服务中心政府购买服务项目，按照社区人口规模配备社会工作从业人员（表5.4）；建立完善"社工引领志愿者，志愿者协助社工"协同服务机制。

表 5.4 深圳市社会工作服务项目服务内容及专业岗位配备表（节选）

序号	服务领域	服务内容	服务对象/服务单位	服务对象人数/单位数：社会工作者人数	配备类别
1	社会福利	1.1 为孤弃儿童和残障儿童提供救助、教育、医疗及卫生保健、营养、育托、康乐、人际交往、社会适应等服务。	儿童福利服务机构中的儿童	70：1	A
		1.2 为老年人特别是困难老年人提供精神慰藉、社会参与、代际沟通服务。 1.3 其他政府委托的社会福利服务	养老机构中的老年人	200：1	A

序号	服务领域	服务内容	服务对象/服务单位	服务对象人数/单位数：社会工作者人数	配备类别
2	社会救助	2.1 为社会救助对象提供社会融入、能力提升、心理疏导等服务。 2.2 社会救助的组织与实施等辅助性工作。 2.3 为城市生活无着的流浪乞讨人员提供心理辅导、行为矫治、教育培训。 2.4 帮助生活无着的流浪乞讨人员回归社会和家庭等服务。 2.5 其他政府委托的社会救助服务	社会救助服务对象	200：1	A
3	慈善事业	3.1 政府实施的慈善事业及辅助性工作。 3.2 其他政府委托的慈善服务事业	居民户	500：1	B
4	社区建设	4.1 运用社会工作专业方法和技巧，对社区居民中包括最低生活保障人员、特困人员、困难和重度残疾人、生活无着流浪乞讨人员、困境儿童、空巢老人在内的重点服务对象的问题、需求和能力进行综合评估，协助落实国家福利保障政策，开展心理疏导、人文关怀、能力提升、生计发展、关系	社区党群服务中心	1：（5～8）	A

该通知通过政策文本把社会工作服务队伍结构的要求明确下来，从人才构成、持证要求、学历要求、不同领域的人才配比等方面制定细化要求，进一步规范了人力资源的使用，有助于保障结构质量。虽然社区活动相对来说并没那么复杂，但这种机制化的结构质量管理思路和方法值得我们去学习和借鉴。

5.2.2 注重过程质量

服务过程的质量管理主要是从人员素质、服务的专业性角度对服务质量进行介入管理。过程质量指标注重服务的提供过程，如工作状态、对待服务对象的态度等。在服务过程中，工作人员的素质（如职业素养、职业能力等）和服务监督管理机制对服务过程的质量管控起到重要的影响作用，因此应时刻关注是否在以下几方面做了充足的过程质量管控工作。

一是社区工作者是否能够遵守《社会工作者职业道德指引》，保持良好的职业道德，平等对待和接纳服务对象，不因民族、种族、性别、户籍、职业、宗教信仰、社会地位、教育程度、身体状况、财产状况、居住期限等因素而区别对待。在服务过程中应体现以人为本、助人自助的价值观和平等、尊重、接纳、保密的工作原则，不得出现有损服务对象利益的情况。

二是社区工作者是否能够依据社会工作专业理论，恰当运用社会工作专业方法和技巧，科学规范地按照活动策划书实施，使活动达到满足社区需要、解决社区问题、促进社区发展的目的。

三是是否建立工作人员培训机制，以社区为平台，通过讲座、实地考察、竞赛等多样化方式提升工作人员的活动能力和综合能力，加速推进社区工作人才队伍建设，以有效地提升服务品质。

四是是否建立服务监督管理机制。例如：从内部角度来说，是否安排督导人员对社区活动进行行政把关和专业把关；从外部角度来讲，是否利用传统或现有的智慧社区信息宣传平台将社区活动过程或结果及时在微信群、社区微博、公众号等平台发布，接受社区居民的反馈与监督。

五是是否建立服务变更机制。社区的情况是纷繁复杂的，服务对象的需求也不是一成不变的，一切都在相对稳定的状态中发生着变化，所以社区工作者及其督导需要进行持续的关注，如果因特殊情况导致活动无法照常开展或无法按照既定内容开展，需要进行服务内容的变动，并按变更流程完成相应手续。一般需要填写变更申请表（表 5.5）并附变更后的活动方案，由活动委托方、资助方和社区等审核确认并盖章。

表 5.5 社区活动变更申请表

申请变更 活动名称	社区学院人才培育计划	申请日期	年　　月　　日
项目负责人 及职务	张三，社工部主任	项目负责人 联系方式	13800138×××
变更等级	□轻微变更　　☑一般变更　　□重大变更		
变更内容	将"开展社区学院骨干人才外出学习活动 2 次、开展社区学院种子讲师赛课活动"（总经费为 4 万元）变更为"拍摄制作社区学院宣传视频 1 个，至少 3 分钟"（所需经费为 4 万元，总经费不变）		
变更原因及依据	以上需变更内容均为人群聚集活动并含外出，然而由于工作临时变动，考虑到目前距离项目结项不到一个月，以上指标难以掌控完成，因此需要变更。变更为视频拍摄的原因是，社区学院成立 5 年以来，除了折页以外，没有较为系统的宣传资料，拟拍摄一个宣传视频，可视化呈现社区学院的运作内容及成效		
变更方案	见附件		
实施机构 审核意见	审批意见： 签署：　　　　　　　　　　　　　　年　　月　　日		
社区审核意见	审批意见： 签署：　　　　　　　　　　　　　　年　　月　　日		

5.2.3　重视结果质量

结果质量指标主要关注服务的目标和达到的效果。结果质量主要从两个方面进行管理：一是服务结果的量化指标，包括社区活动的服务频次、服务覆盖率、参与人员数量、受益人数、问题解决率等是否达到活动要求和目的，这些指标一般是可量化的，如某六一儿童节活动组建了辖区 10 支儿童表演队伍开展会演，吸引了 200 名社区居民参与，参与人员涵盖本社区的 4 个小区；二是服务结果的影响指标，包括活动对各服务对象的具体影响和改变、个人处境的变化、能力的发展等，如服务对象是否满意本次活动，通过参与本次社区活动是否收获具体的知识、快乐的情感或者积极正向的改变等。

社区工作者在活动的实施过程中，应当建立服务结果质量的监测评估机制，采取类似满意度调查、总结评估报告（表 5.6）等方式有意识地对服务质量标准及服务质量过程进行控制，并合理运用表格工具等及时、正确、系统地记录有关服务情况，根据记录情况及时反馈和反思有关服务的质量，从而为未来的服务品质提升打下基础。一般在社区活动结束后，可要求社区工作者撰写活动总结报告，有逻辑、有框架地进行总结和反思。

表 5.6　社区活动总结评估报告

一、基本信息

服务名称				
服务对象		节数		
预计人数		实际人数		
开始日期	年　　月　　日	结束日期	年　　月　　日	
总参与人次		出席率		
负责社区工作者				
其他工作人员				

二、评估与总结

筹备工作	人手分工	
	物资准备	
	资源联系	
	宣传招募	
服务过程	内容及形式合适度	
	服务对象的参与度	
	参与者表现及变化	
	社区工作者角色的发挥	
	社区工作者专业技巧运用	

续表

服务评估	目标达成情况分析	
	服务对象评价及反馈	
	工作员观察	
	协助者评估	

三、服务经验总结

四、跟进工作

5.3 预算管理

5.3.1 预算管理概述

预算管理是指社区工作者在政府、社区、社会组织财务制度允许的框架内，对即将举办的社区活动所需要的各类资源进行充分、全面的预测和计划，并通过对执行过程的监控，保证资金的合理运用，以最优的投入产出比实现社区活动目标的过程。

1. 预算管理的原则

预算管理应本着节约和量入为出的原则，从"收"和"支"两方面做好成本控制。一方面要记录清楚活动收入，包括政府补助、社会捐赠、服务收费等；另一方面要记录清楚支出，包括场地租金、宣传品印刷费、活动道具和材料费、纪念品费用、游戏奖品费用、志愿者的午餐补贴和交通补贴及其他杂项等。

2. 预算管理的作用

预算管理具有基本的控制作用，贯穿在整个活动过程中。通过预算编制，可以进行事前控制；在预算的执行中随时发现差异，及时调整或纠正，进行事中控制；对预算的差异进行分析，考评预算，总结经验教训，进行事后控制。

3. 预算管理的内容

预算管理包含四个方面，即预算编制、预算审核、预算执行、预算考核。

（1）预算编制

预算编制是指活动开始前的预算管理，即在社区活动策划书中运用表格的方式，将社区活动所需要的物资清单详细地罗列出来，为物资采购提供依据。预算费用包括宣传设计费、活动物资费、人员补贴费、交通运输费、税费等。预算要列明费用类别、单价、数量等，如表 5.7 所示。

表 5.7　社区大型禁毒宣传活动预算表

费用类别	科目	费用标准	数量	费用小计/元
禁毒宣传活动业务费用	背景架制作及安装	100 元/米²	24 米²	2 400
	摊位帐篷及桌椅租赁	200 元/套	5 套	1 000
	音响租赁（含麦克风）	500 元/套	1 套	500
	背景墙（用于宣传标语、签名等）	100 元/米²	12 米²	1 200
	马克笔	5 元/支	20 支	100
	手举牌（60 厘米×30 厘米）	80 元/个	10 个	800
	知识问答题目卡	5 元/张	20 张	100
	毒品仿真模型道具（租赁）	500 元/套	1 套	500
	禁毒宣传手册	30 元/本	200 本	6 000
	宣传单张	1 元/张	500 张	500
	眩晕眼镜（租赁）	100 元/个	2 个	200
	雪糕筒（租赁）	20 元/个	10 个	200
	禁毒大富翁（含骰子）	200 元/套	1 套	200
	打卡道具（印章，含印油）	150 元/套	1 套	150
	纪念品	20 元/份	200 份	4 000
	集章卡片	5 元/张	100 张	500
	摄影师	300 元/（人·场）	1 人	300
	工作人员	300 元/（人·场）	8 人	2 400
	主持人	800 元/场	1 人	800
活动总结宣传	项目总结宣传视频（3 分钟以内）	3 000 元/个	1 个	3 000
合计				24 850

（2）预算审核

预算编制完成后需要进行预算审核，即工作人员将预算提交给相关方审核，确认无误获得许可后方可按照预算执行，这样可以避免一些可能的误会和风险。预算审核的提交对象包括两方面：一是服务采购或资助方，二是社区工作者的上级领导或督导。预算审核的方式因不同组织和社区的管理方式不一，部分可能需要提交申请表盖章，部分可能给相关方查阅并经口头同意即可。随着互联网工具的发展，目前很多软件可以实现一键审批功能，尤其是同组织的管理者可以对下属提交的预算进行线上审批，全部过程均可留痕。

（3）预算执行

为确保活动执行过程中的经费使用不偏离预算，活动负责人应实时对预算进行监控管理，严格按财务制度要求进行预算申请和支出，实际支出与预算偏离应控制在一定比例以内，具体比例视不同活动财务审计要求而定，如个别专项资金要求在 5% 以内，个别要求在 10% 以内。但无论如何规定，一般预算偏离不建议超过 10%，最高不超过 20%。

如果因特殊情况需要对经费进行调整，社区工作者应根据财务制度进行经费变更申请，说明变更理由并提交调整后的预算清单。活动经费变更申请表（表 5.8）一般需要由社区或相关单位盖章。

表5.8　活动经费变更申请表

申请变更活动名称	第三季度长者生日会		申请日期		年　　月　　日	
项目负责人及职务	张三，社工部主任		项目负责人联系方式		13800138×××	
变更原因及依据	第三季度长者生日会原计划为本季度内生日的 30 名长者庆生，并在活动中为每位长者赠送保温杯 1 个（每个 50 元）作为生日礼物。由于社区辖内的一个公益商家最近向社区捐赠了 100 个保温杯用于关怀社区长者，原定要采购的 30 个保温杯已有出处，为避免资源重合浪费，拟结合社区长者普遍对粤剧文化较感兴趣的特点，将 30 个保温杯的费用用于邀请表演团为社区长者提供粤剧表演服务，丰富长者生日会的内容。其余预算不变。					
变更前预算	总预算：2200 元					
	序号	科目	费用标准	数量	费用小计/元	
	1	3 磅生日蛋糕	500 元/个	1 个	500	
	2	游戏道具	200 元/批	1 批	200	
	3	生日礼品：保温杯	50 元/个	30 个	1500	
	4		合计		2200	
变更后预算	总预算：2200 元					
	序号	科目	费用标准	数量	费用小计/元	
	1	3 磅生日蛋糕	500 元/个	1 个	500	
	2	游戏道具	200 元/批	1 批	200	
	3	粤剧表演服务	1500 元/场	1 场	1500	
	4		合计		2200	
实施机构审核意见	审批意见： 签署：　　　　　　　　　　　　　年　　月　　日					
社区审核意见	审批意见： 签署：　　　　　　　　　　　　　年　　月　　日					

如果活动的服务内容和预算均有变更，则不需要填写单独的经费变更申请表，直接在活动变更申请表中体现相应的经费变更即可。

（4）预算考核

预算考核是指对预算执行情况进行考核评价。预算考核指标的设定应具有科学性、合理性和可行性，并要让参与者清晰明了。可以比较实际指标与预算指标的差异，分析原因，改进今后的工作，最终实现社区活动目标。一般情况下，可以在原有的预算表中增加几列，填写实际预算使用情况，用于前后对比分析（表5.9）。

表5.9　社区大型禁毒宣传活动预算考核表

费用类别	科目	费用标准	数量	费用小计/元	实际使用金额/元	预算偏离情况	偏离原因
禁毒宣传活动业务费用	背景架制作及安装	100 元/米²	24 米²	2 400	2 400		
	摊位帐篷及桌椅租赁	200 元/套	5 套	1 000	1 200	增加20%	天气炎热，增加签到摊位
	音响租赁（含麦克风）	500 元/套	1 套	500	0	节省100%	协调企业借用
	背景墙（用于宣传标语、签名等）	100 元/米²	12 米²	1 200	1 200		
	马克笔	5 元/支	20 支	100	100		
	手举牌(60 厘米×30 厘米)	80 元/个	10 个	800	900	增加12.5%	多制作1个
	知识问答题目卡	5 元/张	20 张	100	100		
	毒品仿真模型道具（租赁）	500 元/套	1 套	500	500		
	禁毒宣传手册	30 元/本	200 本	6 000	5 000	节省16.6%	争取到团购优惠25 元/本
	宣传单张	1 元/张	500 张	500	500		
	眩晕眼镜（租赁）	100 元/个	2 个	200	200		
	雪糕筒（租赁）	20 元/个	10 个	200	200		
	禁毒大富翁（含骰子）	200 元/套	1 套	200	200		
	打卡道具(印章,含印油)	150 元/套	1 套	150	150		
	纪念品	20 元/份	200 份	4 000	4 000		
	集章卡片	5 元/张	100 张	500	500		
	摄影师	300 元/（人·场）	1 人	300	0	节省100%	协调社区志愿者担任
	工作人员	300 元/（人·场）	8 人	2 400	0	节省100%	
	主持人	800 元/场	1 人	800	800		

续表

费用类别	科目	费用标准	数量	费用小计/元	实际使用金额/元	预算偏离情况	偏离原因
活动总结宣传	项目总结宣传视频（3分钟以内）	3 000元/个	1个	3 000	3 000		
合计				24 850	20 950	节省15.7%	
经验总结	本次活动实际结算金额比预算金额减少15.7%，主要体现在音响设备租赁、宣传手册印刷、人员补贴费用等方面的支出减少，社区工作者发挥了较好的链接社区资源的作用，通过公益借用、志愿者招募等方式减少了一定的成本，也通过大批量印刷降低了印刷成本，为社区活动节省了费用，使其可投入后续的其他活动或提高本场活动质量中。这提醒我们在以后开展活动时，对于人员费用部分可以结合社区的志愿服务热情等情况充分考虑是否可以链接志愿者资源，以及宣传物料制作方面尽可能以量为优势，主动出击，争取更合理和优惠的价格						

5.3.2 实践案例："喜迎建党100年，争做时代好少年"——庆祝建党100周年暨六一儿童节

1. 案例基本情况

适逢庆祝建党100周年活动高潮和"六一"国际儿童节的时间节点，根据中央文明办印发的《关于开展"童心向党"教育实践活动的通知》和中共中央办公厅印发的《关于庆祝中国共产党成立100周年组织开展"永远跟党走"群众性主题宣传教育活动的通知》及社区党委要求，要广泛开展各类群众性主题宣传教育活动。因此，社区党群服务中心社区工作者以"童心向党"为主题，开展"喜迎建党100年，争做时代好少年"——庆祝建党100周年暨六一儿童节活动，引导青少年从小听党话、感党恩、跟党走，厚植爱党爱国爱社会主义情怀，努力成长为中国特色社会主义事业建设者和接班人。

整个活动的预算管理由项目预算编制、预算审核、预算执行和预算考核四部分组成。

（1）预算编制

首先，社区党群服务中心社区工作者根据活动内容需要编制了"喜迎建党100年，争做时代好少年"——庆祝建党100周年暨六一儿童节活动预算申请表。在社区活动预算申请表（表5.10）中，社区工作者依据活动内容，将本次活动所需要的物资清单详细地罗列出来，为物资采买提供依据。

（2）预算审核

社区工作者将以上申请表发到本次活动微信沟通群中，提交给督导和活动资助方（社区妇联）代表查阅，社区妇联代表提醒社区最近刚采购了一批活动用的红地毯，本活动可直接借用，无须另行购买或租赁，并建议余下经费用于提升活动背景板的设计美感。互动小礼品建议更换为单价更低的礼品，让更多现场居民参与活动。因此，综合大

家的意见，社区工作者对活动预算申请表进行了调整并通过了督导和资助方的审核。调整后的社区活动预算申请表如表 5.11 所示。

表 5.10　社区活动预算申请表

活动名称："喜迎建党 100 年，争做时代好少年"——庆祝建党 100 周年暨六一儿童节

活动负责人：张三

活动时间：2021 年 6 月 1 日

预算明细					
序号	物资	单价/元	数量	小计/元	备注
1	背景、灯光、红地毯	2 000	1 套	2 000	
2	纪念证书（含内芯）	20	15 本	300	
3	宣传单	2	100 份	200	
4	饮用水	50	3 箱	150	
5	互动小礼品	15	30 份	450	小风扇
6	节目表演礼品	50	15 份	750	文具礼盒
7	小红旗	1	100 份	100	
合计				3 950	

表 5.11　调整后的社区活动预算申请表

活动名称："喜迎建党 100 年，争做时代好少年"——庆祝建党 100 周年暨六一儿童节

活动负责人：张三

活动时间：2021 年 6 月 1 日

预算明细					
序号	物资	单价/元	数量	小计/元	备注
1	背景设计及制作、灯光	2 000	1 套	2 000	
2	纪念证书（含内芯）	20	15 本	300	
3	宣传单	2	100 份	200	
4	饮用水	50	3 箱	150	
5	互动小礼品	4.5	100 份	450	小包纸巾一条
6	节目表演礼品	50	15 份	750	文具礼盒
7	小红旗	1	100 份	100	
合计				3 950	

（3）预算执行

完成预算审批后，社区工作者按预算计划开始采买各项物资，并在预算执行过程中

进行监控，对出现的差异进行调整。因活动在夏天举行，当天天气十分炎热，社区工作者考虑到活动需要，超预算多购买了 3 箱水，超预算支出 150 元。

（4）预算考核

由社会工作服务机构的财务人员进行筛选汇总，按抓取的数据填写各预算细项的实际支出，最终出具社区活动预算决算金额对比表（表 5.12）。

表 5.12　社区活动预算决算金额对比表

活动名称："喜迎建党 100 年，争做时代好少年"——庆祝建党 100 周年暨六一儿童节

活动负责人：张三

活动时间：2021 年 6 月 1 日

实际支出明细

序号	物资	单价/元	数量	小计/元	备注
1	背景设计及制作、灯光	2 000	1 套	2 000	
2	纪念证书（含内芯）	20	15 本	300	
3	宣传单	2	100 份	200	
4	饮用水	50	6 箱	300	超支 150 元
5	互动小礼品（小包纸巾一条）	4.5	100 份	450	
6	节目表演礼品（文具礼盒）	50	15 份	750	
7	小红旗	1	100 份	100	
合计				4 100	

预算决算对比情况

预算总额/元	实际支出总额/元	预算偏离情况	超额支出占比
3 950	4 100	超支 150 元	3.8%

2. 案例分析

预算管理是一个复杂的过程，并且遇到的问题和困难较多。例如，在预算执行过程中，通常会遇到实际执行与预算有差异的情况，一定要确保超额的部分在可接受、可允许的比例范围内，并做好事后的补充申请或及时变更。例如，在本次活动中，社区党群服务中心社区工作者因天气炎热，超预算多购买了 3 箱水，超预算支出 150 元，超出比例为 3.8%，处于可允许的比例范围内。

为了保障预算的顺利执行，预算管理的执行过程需要有一个良好的监控，主要监控项目执行进度与预算执行进度是否一致、费用预算细项是否正确、出现差异及时沟通调整等。如果能够合理地处理预算执行过程中执行和预算的差异问题，建立强有力的监控体系，整个预算管理就能顺利地进行。

5.4　人员激励管理

5.4.1　人员激励概述

人员激励是指对提供服务和开展活动的社区工作者和志愿者的激励和士气提升，通过激励增强其成就感和价值感，使其保持工作的热情，从而确保服务的顺利进行和活动目标的达成。

1. 人员激励的原则

人员激励的设计、实施必须遵循下面几个原则。

（1）公平性原则

激励措施的制定和执行必须做到尽量公平，通过公平公开的激励政策，提升团队的活力和竞争力。

（2）经济性原则

在设计和实施激励措施的时候，须考虑"成本—效益"平衡问题。激励给社区带来的效益大于成本，才是对社区发展有利的激励措施。

（3）多样性原则

每个社区工作者和社区志愿者的需求都不同，激励要考虑到社区工作者和社区志愿者多方面的需要，从多角度、多层次进行激励，才能达到更好的激励效果。

（4）灵活性原则

激励具有很强的灵活性和时效性，只有在激励过程中综合地考虑各种因素，灵活地运用各种因素，才能达到最好的激励效果。

2. 人员激励的特点

人员激励是对人的潜在能力进行开发，无法通过精确的计算来进行预测、计划与控制，因此，实现对人员的有效激励具有一定的难度。人员激励具有以下特点。

（1）激励效果的短期不可见性

激励以人的心理作为出发点，激励的程度和效果只能通过其作用下的行为表现来加以观察，短时间内难以看到激励效果，需要一个较长的周期。

（2）激励方式的动态性

激励方式须与时俱进，根据不同时期、不同环境进行动态调整。

（3）激励对象的差异性

社区工作者和志愿者的背景不同，工作年限不同，需求也不同，这种需求的复杂性也决定了不同的人具有不同的激励心理承受力，需要采用不同的激励形式。

（4）激励程度的适度性

激励是为了使社区工作者和志愿者的潜在能力得到最大限度的发挥。人的能力有限，且受生理因素制约，因此，激励程度不能超过人的生理和能力限度，适度的激励才能起到应有的作用。

（5）激励内容的复杂性

社区工作者和志愿者在不同的岗位和成长阶段，其需求和动机都会不同，因此对他们的激励内容应有所差异，这种激励内容的复杂性要求激励方法、手段、机制具有多样性、综合性、系统性。

5.4.2　人员激励的方法

1. 目标激励法

目标激励法，就是确定适当的目标，诱发人的动机，以调动人的积极性。目标激励的作用通常表现在两个方面：一是经过努力，目标实现的可能性越大，人们就越感到有信心，激励作用也就越强；二是目标效价，即目标实现后满足个人需要的价值越大，社会意义越大，越能鼓舞人心，激励的作用越强。

2. 责任激励法

责任激励法，就是让每个人认识并担负起其应负的责任，激发其为所承担的任务而奉献的热情，满足其成就感。社区管理者的责任就是要帮助社区工作者和志愿者重视并担负起各自的责任。一旦他们感觉到自己受到了重视，就会更愿意尽力将自己的事情做好。

3. 工作激励法

工作激励法，是一种直接激励方法，就是让工作过程本身使人感到有兴趣、有吸引力，从而调动工作人员的工作积极性。增强工作本身的内在意义和挑战性、丰富工作内容和美化工作环境都可以提高工作的吸引力，激发工作的内生动力。

4. 事业激励法

事业激励法，就是让社区工作者和志愿者将其个人事业的发展与社区公益事业紧密联系在一起，充分调动其内在潜力。一个人为一份事业而工作或奉献就不会对报酬过分敏感，而是更专注地投入工作。

5. 培训和发展机会激励法

培训与发展机会激励法，是指通过为社区工作者和志愿者提供适切的培训和发展机会，使他们不断提升积极性和工作能力，从而提高工作效率和质量的一种方法。社区工作者会在实践中不断丰富和积累知识，但他们仍然需要进行专业学习、短期培训等，因为这种学习和培训可以增加他们的知识，提高他们的适应能力和竞争能力，满足他们自我实现的需要。同理，部分志愿者也希望通过参与这些社区活动不断提升自己的能力，或者通过参与社区活动获得额外的自我提升和发展机会。

6. 经济激励法

经济激励法，是指通过满足社区工作者和志愿者经济利益的需求来激发其积极性和创造性。经济激励和物质激励是激励的主要形式，如为社区工作者发放绩效奖励或通过服务积分奖励等方式为志愿者发放生活物资。

7. 强化激励法

强化激励法，是指对人们的某种行为给予肯定和奖励，使之巩固和发扬光大，或者对某种行为给予否定和惩罚，使之减弱和消退的方法。前者称为正强化，后者称为负强化。正强化的激励方法主要是表扬和奖励，负强化的激励方法主要是批评和惩罚。

8. 参与激励法

参与激励法，是指社区工作者适当放权，让志愿者参与到管理和决策的过程中。社区工作者都有参与管理的要求和愿望，创造和提供机会让社区工作者参与社区活动的策划、资源分配是调动他们积极性的有效方法。对志愿者来说，参与活动可以增强对社区的归属感、认同感，并满足自尊和自我实现的需要，也可以增强他们执行决策的自觉性。

9. 尊重激励法

尊重激励法，是指给予社区工作者和志愿者应有的尊重理解和人文关怀，营造一种尊重、包容的工作氛围。只有尊重社区工作者和志愿者，才能够更好地激发他们的能动性。互相理解与尊重是一种强大的精神力量，有助于社区工作者、志愿者与社区居民之间保持和谐的人际关系，有助于社区活动团队精神和凝聚力的形成。

10. 荣誉激励法

荣誉激励法，是指对那些为社区做出突出贡献的人给予一定的荣誉，以调动其工作积极性。荣誉是众人或组织对个体或群体的崇高评价，是满足人们自尊需要、激发人们奋力进取的重要手段。

11. 情感激励法

情感激励法，是指通过建立良好的情感关系，激发社区工作者和志愿者的士气，从而达到提高工作效率的目的。团体内的情感关系直接影响着团体的工作效率，情感激励要求管理者善于体察人心、善于情感交流、尊重和信任下属。

5.4.3 实践案例：引导社区闲散青少年参与社区志愿服务活动

1. 案例基本情况

社区工作者在社区服务中发现，在社区篮球场和社区花园内总有一群闲散青少年聚集在一起，无所事事，而且他们经常在社区内抽烟、喝酒、闹腾，还经常在晚间休息的时间大声喧哗，严重影响了社区居民的正常生活，社区居民对此多有抱怨。社区工作者多次对他们进行教育，但效果微乎其微。

为了解决这群闲散青少年的问题，消除他们给社区居民带来的负面影响，社区工作者走访了解到这群青少年都居住在本社区内，恰逢放暑假，他们在家待着也没什么事情，于是就相约聚集在社区内一起活动。他们认为自己并没有做错，只是因为无聊才聚在一起玩，更没有对其他人造成什么影响，之所以出现投诉是因为社区内的那些大人们没事找事。

在对他们的情况进行分析后，社区工作者先对这群青少年非理性的思想观念进行了纠正，然后引导他们参与到社区志愿活动中。社区工作者在引导闲散青少年参与到社区的老年人服务志愿活动时主要采取了以下策略。

① 通过座谈会、服务观摩等方式进行社区教育和社区宣传，改变他们对社区和对老年服务志愿活动的冷漠、陌生态度，促进他们对参与价值的肯定。

② 找到该群体里面的潜在"领导"，与其进行交流沟通，提升其参与的意愿，促使其带动更多群体内成员参与。

③ 对他们进行培训，提高其参与能力。

④ 与他们进行有效沟通，保证其参与志愿活动的客观条件。

⑤ 对他们参与志愿活动设置奖励机制，提高其持续参与的积极性。

经过一次又一次的引导，这些闲散青少年在志愿服务中既打发了时间，又贡献了自己的力量，帮到有需要的人，再也不到街头闲散游荡了。

2. 案例分析

本案例中一群无所事事的青少年，最初被认为是一群社区规则的破坏者，影响到了社区居民的正常生活，所以，社区管理者希望通过批评教育使他们收敛和改正自己的行为。但事实是，这群青少年根本不认为自己在社区中聚在一起玩是错误的，他们可能意识到了对社区居民的影响，但是这种影响在他们玩得比较投入的时候就无所顾忌了。社区工作者为了解决这些青少年对社区居民影响的问题，对他们进行了调查和分析，得出最主要的原因是他们无所事事。社区工作者采取的对策就是对这群青少年进行激励和能力提升，使他们成为社区志愿者，投入到社区老年人服务志愿活动中，通过有效的激励解决了问题，培养了志愿者，提升了社区的服务能力，达到了多重目的。

3. 应对与反思

激励是解决社区与人相关的问题的一种有效手段，但同时需要注意到，部分人受到激励却没有起到应有的激励效果很可能是因为能力不足，因此，需要在激励的同时给予激励对象能力提升的通道和平台。先要让激励对象具有相应的服务技能，然后才能通过激励的手段，使激励对象参与到服务中来。

5.4.4 实践案例："爱心银行"，让爱心循环增值

1. 案例基本情况

深圳市光明区 A 街道团工委、义工联通过设立"爱心银行"，建立健全志愿服务活动"付出、积累、回报"机制，切实提高志愿者服务实效，着眼于推进志愿服务网络的制度化、规范化、常态化。A 街道义工联在街道志愿者之家建立街道级"爱心银行"，负责组织为 A 街道义工联和街道团体会员组织志愿者的积分兑换，各社区在社区党群服务阵地建立社区级"爱心银行"，负责组织对社区义工服务队和社区义工子组织志愿者的积分兑换。

"爱心银行"运营管理制度如下。

"爱心银行"积分兑换规则如表 5.13 所示。

表 5.13 "爱心银行"积分兑换规则

档次	志愿服务时长/时	积分值	礼品价值/元
A	≥200	200 积分以上	40~50
B	80~199	80~199 积分	20~30
C	30~79	30~79 积分	5~10

① 每 1 小时志愿服务时长等于 1 积分。

② 每季度志愿服务时长超过 30 小时的光明区在册志愿者，志愿服务时长以实际在光明区参与志愿服务为准。

③ 兑换组织原则上为主组织，不可到副组织进行兑换。

④ 积分兑换服务的周期原则上为每季度一次，未兑换逾期自动清零；原则上兑换时间为次季度（第一个月）的第一周。

⑤ 根据志愿服务时长，分档次设置"爱心银行"兑换清单，志愿者可按照志愿服务时长的积分值兑换相应的爱心物品。

⑥ 每次兑换的爱心积分要求其中至少一半积分由参加街道义工联组织的志愿活动累计所得。

⑦ 培训、公益时长等类型的志愿服务不能参与爱心积分兑换。

⑧ 已兑换爱心物品的积分将自动减除，余数不可继续累计，未兑换逾期自动清零。

⑨ 兑换爱心物品的积分，不影响"志愿深圳"平台上的服务时数。

⑩ 志愿服务组织每季度统计一次本组织内志愿者的服务情况，并按照兑换标准购买兑换礼品。

⑪ 志愿者到主组织建立的"爱心银行"申请积分兑换服务，经主组织在"志愿深圳"数据审核后，选择兑换礼品，并做好登记。

2. 案例分析

这是人员激励中典型的目标激励、强化激励和经济激励方式。街道设计志愿服务积分制度，志愿者每参加一个小时服务可积 1 分，并设定了最低兑换分值，对于不少志愿者来说，由于最低分值是 30 分，他们会在一定期限内尽可能促使自己的志愿服务时长达到目标值 30 及以上；街道通过"爱心银行"平台定期对志愿者进行奖励，让志愿者觉得自己的付出是会得到关注和表扬的，对其志愿服务行动会有正增强的作用。此外，积分奖励物资更是给予志愿者实实在在的经济激励，使得志愿者有更强的动力参与志愿服务。

3. 应对与反思

以上做法是以"爱心银行"为平台，综合了目标激励、强化激励和经济激励三种方式的一种人员激励实践，目前在全国多个地区均有推广，成效较佳。但从长远来讲，"爱心银行"的所有激励多是需要有资源支撑的，一旦资金链或物资链断裂，就会使这种激励无法继续下去，甚至可能会使部分志愿者有"自己不值得再被激励"的错误想法。所以，在实践中可以进一步扩大"爱心银行"的资源来源范围，积极整合辖区公益商家资源，鼓励其拿出实际的优惠和奖励，以鼓励志愿者的持续参与和文明义举。例如，眼科诊所可以为志愿时长满一定时数的志愿者提供免费检查服务和配镜优惠，超市可以对志愿时长满一定时数的志愿者奖励实在的物资等。将公益商家履行企业社会责任和增加企业社会美誉度、扩大影响力等需求结合起来，找到共同点和平衡点，能够使"爱心银行"运作更持久。

第6章 社区活动的评估

社区活动经常要面对社会大众回答这样的问题：社区工作能够帮助大家解决什么问题？有哪些意义？活动的方法是否值得推广？资助方是否有必要继续支持该活动？要很好地回答这些问题，进一步改进工作方法，让社会大众接受并支持社区工作者的工作，社区工作者有必要对社区活动进行评估。评估能确定成果及活动的有效性，是确保服务品质的重要措施，也是社会责任的体现。一般来说，社区活动评估是社区活动组织与实施的最后一步。社区活动评估可以总结整个活动过程，但对社区活动的评估绝不仅仅是活动结束后，而是贯穿于整个活动过程。本章从社区活动评估的意义、类型、方法以及评估常用的工具套表展开介绍。

理论学习目标

1. 认识社区活动评估的意义。
2. 了解社区活动评估的类型。
3. 认识常用的社区活动评估方法。

实践学习目标

1. 掌握过程评估与结果评估的方法。
2. 掌握社区活动评估工具的使用。

6.1 社区活动评估的意义

社区活动评估指的是对社区活动的实施过程、活动成效、目标达成情况、社会影响力、活动投入产出比等的测量工作。它有以下几个重要意义。

1. 可以通过评估了解活动目标实现程度

活动评估可以帮助社区工作者和服务对象了解活动目标实现程度以及活动对个体、群体的帮助与改变，通过评估强化活动成效和个人的改变。

2. 评估可以为服务对象提供表达的机会和渠道

活动评估为参与活动的服务对象提供了一个很好的机会和渠道来表达其对服务的满意情况、对活动成效的评价以及对服务的意见建议等，这些都将使得参与者有正规的渠道行使其表达的权利。

3. 评估结果可以激励社区工作者

活动的评估反馈能够对社区工作者起到很好的激励作用。社区通过活动结果评估工作，可以得知社区活动的成效，能够让社区工作者获得更大的成就感和价值感，感受到社区所拥有的良好的社会声誉及其在社会中的地位，从而鼓舞社区工作者，增强他们的自信心和荣誉感，使他们对社区工作更加充满信心。

4. 评估可以优化服务过程，改进服务内容与方法

活动评估可以测评服务成效，指导服务改进与优化，使服务内容和方法更契合现实情况和社区居民的需要，为社区决策层开展类似的活动或其他活动提供依据。此外，评估也可以促进相关领域的研究工作。

5. 评估可以检验服务成本效益，为政府和组织决策提供支持

活动评估可以直观地反映社区服务的成本效益，即投入产出比，帮助政府和组织判断该项社区服务是否符合成本效益原则，是否值得再投入支持。如果评估反馈其成本效益较高，该活动获得继续支持的可能性会增加，反之降低。

6.2 社区活动评估的类型

社区活动评估贯穿于活动的整个过程，一般分为过程评估和结果评估两种类型。

6.2.1　过程评估

过程评估是指对整个活动策划和实施过程的监测，包括前期调研、目标设定、方案设计以及活动实施过程中各环节的评估，它是对活动策划过程的每一个步骤、每一个阶段分别做出的评估，重点是活动策划的各种步骤和程序怎样促成最终的活动结果。评估的关键是了解和描述活动策划和实施的内容，回答这一过程中发生了什么，以及为什么发生。由于活动的过程涉及较多具体阶段，也可以将社区活动的过程评估分为策划与筹备过程的评估和活动实施过程中的评估。

1. 策划与筹备过程的评估

策划与筹备过程的评估主要是对社区活动正式开始前的阶段所做工作的评估，从活动前期调研开始到目标设定、方案设计，一直到活动正式开始前。在对这一阶段的工作进行评估时，社区工作者需要掌握下列信息：社区居民是否自愿参与社区活动，他们参与活动的动机，他们的个人能力及需求，等等。同时，要对社区工作者的工作做出评估与反思：社区工作者是否通过合理的调研了解了社区居民的诉求，活动目标的设定是否与社区居民的需求相一致，活动方案的设计是否专业可行，等等。

2. 活动实施过程中的评估

活动实施过程中的评估是指对活动实施情况的评估，或者说是关于活动的运行状况与其方案预期的内容是否一致的分析和判断，具体地说，是对服务对象的表现、社区工作者的表现和技巧进行评估。例如，社区工作者在社区活动实施过程中做了什么？表现和专业能力如何？活动服务的对象是什么人？他们在活动中表现如何？哪些因素导致服务对象有了正向改变？哪些因素导致了服务对象的负向改变？活动实施过程中的评估还有助于社区工作者总结经验，提高工作水平和质量，形成个人的工作风格，创造新的工作模式。

6.2.2　结果评估

结果评估是活动结束后，社区工作者对活动进行评估以了解整体情况的一种方式。通过结果评估，社区工作者可以判断该活动的目标达成情况和整体效益如何、好的经验是什么、存在哪些问题、应该如何加以改进，决定类似的活动是否仍有必要继续进行。

基于结果的活动评估一般包括三种类型：效果评估、影响评估、成本效益评估。

1. 效果评估

效果评估的目的是评价活动的结果是否达到预期目的，如果达到甚至超过预期目的，说明这个活动是有效果的。效果评估必须包含以下步骤：一是了解清楚活动预期目标，尤其是设定的效果基线或预期的最低标准；二是测量活动的结果；三是比较活动实际结果与效果基线。因此，效果评估涉及一个时间段内多个变量的测量，需要进行前测和后测方能评估。

2. 影响评估

影响评估是要评估活动对服务对象个人、群体甚至社区的改变，无论是正向的还是负向的。一般情况下，影响评估是评估活动的净结果。有时候，社区居民在参加完服务后发生了改变，但这种改变（总结果）中可能只有一部分是由于活动或服务本身所带来的。影响评估就是要评估这部分由活动或服务本身所带来的净结果。满意度、情感、意识、思维等方面都是常见的影响评估维度。

3. 成本效益评估

传统上，在成本效益评估中会将活动效果折算成货币值，作为活动的收益。这样，收益与成本具有相同的计量单位，可以计算收益—成本比率或者收益—成本差。当收益—成本比率等于 1 时，表示"不赔不赚"；当收益—成本比率大于 1 时，说明该活动是值得的，有花小钱办大事的效果；当收益—成本比率小于 1 时，说明该活动没那么值得。之所以要做成本效益评估，就是要从社会价值和经济价值的相互转换中，用量化的方式告诉人们这个活动到底值不值得做，尤其是值不值得继续投入做下去。

6.3 社区活动评估的方法

6.3.1 基线测量

基线测量评估是在活动开始之前对服务对象的状况进行测量，建立一个基线作为对活动效果进行衡量的标准基线，以评估活动前后服务对象的变化，判断活动目标实现的程度。

1. 应用范围

基线测量通过对服务对象介入前、介入中和介入后多个阶段的观察和研究，比较服务提供前后服务对象发生的变化，它更适宜用在有一定周期且有相对固定服务人群的社区活动中。

2. 评估流程

第一步是建立基线。明确介入的目标，然后对目标行为进行测量，并对目标的行为予以记录。这些记录是确定基线的依据，因此这个阶段也被称为"基线期"。具体来说有三个步骤：一是确定介入目标，如服务对象的行为、思想、社会关系的变化和指标；

二是选择测量工具，协助具体的测量工作；三是测量并记录。例如，某社区要针对留守儿童开展系列性的口腔卫生健康教育活动，活动的目标是希望提升留守儿童对口腔卫生健康的重视程度，加强对口腔卫生健康的正确认识，提高按时刷牙的行动率。为方便测量，社区工作者将以上介入目标具体化为留守儿童对口腔卫生健康知识的掌握程度和他们一个月内按时刷牙的次数。在活动正式开始前，社区工作者向儿童发放了一份口腔卫生健康知识试卷（这属于测量工具），请他们在未接受服务前如实作答，记录下每个人的作答分数和每个人当时的刷牙频率和次数。至此，已基本完成了建立基线这一工作。

第二步是介入。根据社区工作者对服务对象的介入情况，对基线调查中的各项目标行为和指标进行重新测量，以便与介入前的数据进行比较。这个阶段也被称为"介入期"，也可以理解为中期测量。

第三步是分析和比较。将前面几个阶段所测得的数据按时间顺序绘制成图表，如折线图、趋势图等，然后将每个时期的数值连接起来，如此能得到一条变化的轨迹，进而观察到数值变化的趋势。

6.3.2 服务对象满意率评估

服务对象满意率是常见的影响评估方法之一。通过对服务对象关于活动和服务开展各方面的满意率评价，可以及时把握活动的实施成效和存在的不足，以便及时调整相关策略。但通常这种满意率充满了主观性，服务对象很可能基于与社区工作者的熟悉程度给出相对不客观的评价。服务对象满意率评估通常采用表格的形式采集数据和意见，围绕活动本身、目标达成情况、相关人员评价等维度展开，引导服务对象对每一个维度进行打分（表 6.1、表 6.2）。

表 6.1 社区活动服务满意率评估表示例一

请您对活动/项目进行评价	（请勾选你心目中的分数）					
	非常满意		一般			非常不满意
	5	4	3	2	1	0
1. 您对这次活动的总体满意程度						
2. 您对活动目标的达成情况						
3. 您对活动时间的安排						
4. 您对活动形式的安排						
5. 您对活动场地的安排						
6. 您对活动内容的安排						
7. 您对工作人员的工作表现						
8. 您对工作人员的工作态度						
您对活动的其他意见或建议是：						

表 6.2　社区活动服务满意率评估表示例二

社区活动服务满意率评估表						
您好！这份问卷的目的是收集您对社区所举办的活动的宝贵意见，以改善活动的质量。答案没有对错之分，请根据您参加活动的最真实体验，选择最能代表您感受的答案。						
活动名称：				活动时间：		
请勾选出以下最能代表您的意见的满意程度作为对此次活动的评价，并欢迎您留下宝贵意见。						
评价内容	非常满意	满意	一般	不满意	非常不满意	其他意见
一、服务设计						
活动主题切合参加者的需要						
活动形式设计						
活动时间选择						
活动场地安排布置						
工作人员的态度						
工作人员对现场气氛的把握						
工作人员的表述						
二、您的收获						
收获 1						
收获 2						
收获 3						
整体上，您对此次活动的满意程度						
您对此次活动有什么意见或建议？						
谢谢您参与这次活动，完成后请交给有关工作人员，愿您在以后的生活中身体健康！						
填表人姓名（选填）				日期：		

注："二、您的收获"部分可根据活动目标设定填写具体的内容。

6.3.3　任务完成情况评估

任务完成情况评估包括以下几个方面：通过收集活动资料、各种统计数据以及问卷调查结果，对活动执行情况与项目方案、活动计划的一致性及其优化程度进行评估；通过对活动服务人数、服务频次、服务类别、服务区域等方面的测定，对服务产出进行评估；对给服务对象带来的实际成效进行评估。要开展任务完成情况评估，首先要根据活动内容一一罗列任务完成指标，并通过等级尺度来测量任务完成情况。一般会使用五个等级尺度，如"0"表示没有进展，"1"表示极少实现，"2"表示部分实现，"3"表示大体上实现，"4"表示全部实现（表6.3）。

表6.3　任务完成情况评估表

任务	任务完成情况等级尺度				
	全部实现 4	大体上实现 3	部分实现 2	极少实现 1	没有进展 0
任务 1					
任务 2					
任务 3					
任务 4					

6.3.4　目标实现程度评估

1. 目标实现程度评估的原则

（1）现实性

目标实现程度评估应基于活动执行的现实情况来展开评估，评估的现实性决定了其评估结论的客观可靠性。

（2）公正性和独立性

公正性和独立性应贯穿评估的全过程，即从项目的选定、计划的编制、任务的委托、评价者的组成到评价过程和报告。

（3）可信性

目标实现程度评估的可信性取决于评价者的独立性和经验，也取决于资料信息的可靠性和评价方法的实用性。可信性的一个重要标志是应同时反映活动的成功经验和失败教训，这就要求评价者具有广泛的阅历和丰富的经验。

（4）全面性

目标实现程度评估的内容具有全面性，即不仅要分析项目的资金使用过程，而且要分析其运行过程、社会效益、环境效益等。

（5）透明性

透明性是目标实现程度评估的另一个重要原则。从可信性来看，要求目标实现程度评估的透明度越大越好，因为目标实现程度评估往往需要引起公众的关注，以对投资决策活动及其效益和效果实施更有效的社会监督。

2. 目标实现程度评估的工具

目标实现程度评估，顾名思义，是指对活动目标的评估，即通过科学的测量判断活动目标是否达成、达成的程度如何。这种评估方法的工具主要是目标实现程度评估表（表6.4）。

表6.4 目标实现程度评估表

活动目标	十分不同意	比较不同意	一般同意	比较同意	十分同意
通过活动，我的归属感提升了					
通过活动，我希望能够继续留在社区生活					
通过活动，我能更好地在社区生活					
通过活动，我的幸福感提高了					
通过活动，我感觉自己被需要					

6.4 评估工具套表

在评估中使用合适的评估工具套表，能帮助社区工作者更高效、及时地收集相关资料，使评估结果更加科学有效，达到以评促建、以评促进的效果。

6.4.1 过程评估表

过程评估表包括一般性社区活动评估表（表6.5）、社区活动需要评估表（表6.6）和日常监测评价表（6.7）。

表6.5 一般性社区活动评估表

活动名称		活动性质	
活动时间		活动地点	
参加对象		人数	
决算总金额		招募方法	
决算情况	□支出超过预算　　□决定与预算一致　　□支出结余_____		
服务对象名单			
预期目标		目标完成情况	
座位及交流情况			
活动流程		关键事件或突发事件	
遇到的困难		解决方法	
总体评估			
负责社区工作者：		督导：	
日期：		日期：	

表 6.6 社区活动需要评估表

需要的类型（填"有"或"无"）

规范性	感受性	表达性	比较性

活动评价结果分析表

需求（示例）	规范性	感受性	表达性	比较性	评估
1. 改善社区治安	有	有	有	有	各方面都显示有需要，并且没有争议。这类需要应尽快满足
2. 流动人口的权利	有	有	无	有	需要没有表达出来，很可能是由于缺乏足够的途径让服务对象获取相关服务
3. 社区青少年公民教育	有	有	无	无	这种情况很可能显示服务严重不足
4. 老年人理发	无	有	有	有	服务对象觉得有需要，但有关专家、政府行政人员却不觉得是必需的
5. 家庭暴力受害人庇护所	有	有	有	无	各方面都有需要，但没有提供这项服务，这种情况是开展创新服务的最佳时机
6. 社区精神文明建设	有	无	无	有	专家和政府行政人员认为有需要，而且提供了这项服务，但服务对象没有感受到有需要或提出要求，在这种情况下提供服务是最困难的
7. 消防安全演练	有	无	无	无	通常开展的是防患于未然的预防性服务
8. 妇女瑜伽	无	无	无	有	某种需要有服务满足，但不是必需的，这种服务只是给服务提供者带来利益，但没有给服务接受者带来利益
9. 居民外出游玩	无	有	无	无	这主要表达的是一种期望，并不代表真正的需求

表 6.7 日常监测评价表

项目名称				
实施机构				
监测日期				
监测地点				
监测指标	指标细化	分值/分	评分	合计
活动组织（20分）	活动内容与原计划匹配程度	5		
	流畅性：活动进行基本顺利，讲授课程能够顺利完成	5		
	有序性：活动过程中无明显混乱场面，无明显人员堆积场面	5		
	资料完整性：活动过程中有基本资料留存，如签到表、活动照片等	5		

续表

监测指标	指标细化	分值/分	评分	合计
服务对象 （20分）	服务对象与计划匹配度：计划服务人群与实际参与数量的对比情况	5		
	服务对象参与程度：服务对象是否能够基本配合	5		
	服务对象离场程度：是否小于30%	5		
	对活动形式的满意程度：是否达到80%以上	5		
项目执行 （40分）	项目进度完成情况：活动与项目书是否一致，基本完成70%以上	10		
	预期效果实现情况：活动与月度实施方案符合70%以上	10		
	项目执行进度：进度推进是否提早或推迟（不超过一个月）	10		
	项目预算：活动支出不超出项目预算的10%	5		
	项目宣传：有项目宣传条幅或海报、视频及新闻媒体等宣传	5		

评审意见：

（整体描述活动开展情况，描述打分理由，包括加分及重大扣分理由，并提出改进意见，满分20分）

监测人签字：

年　　月　　日

总分合计：　　　　　　（满分100分）

6.4.2　结果评估表

结果评估表包括社区活动服务满意率评估表（表6.2）、目标实现程度评估表（表6.4）、活动结果自评表（表6.8）、活动结果他评表（表6.9）、项目完成情况评估—现场评分表（6.10）。

表6.8　活动结果自评表（社区工作者填写）

××活动（服务）结果评估表（自评）

姓名：

1. 通过社区活动，之前期望的目标是否达到？哪些未达到？原因是什么？

2. 通过社区活动，有了哪些变化？（认知、心理、行为等方面）

续表

3. 在社区活动期间，是否受到过奖惩或鼓励？如果有，是何种奖惩或鼓励？

4. 对社区工作有哪些意见和建议？

表6.9 活动结果他评表（合作方/资助方填写）

活动（服务）结果评估表（他评）

姓名：

1. 通过社区活动，已经取得的成果有哪些？哪些预期目标达成了？哪些未达成？

2. 通过社区活动，活动参与者有了哪些变化？（认知、心理、行为等方面）

3. 在社区活动期间，活动参与者是否受到过奖惩或鼓励？如果有，是何种奖惩或鼓励？

4. 在整个社区活动过程中，社区工作者对理论和工作方法、技巧运用的情况如何？对将来的工作有什么启示？

表 6.10 项目完成情况评估—现场评分表

项目名称：　　　　　　　　　　　　　　　承接机构：

一级指标	二级指标	三级指标	指标说明	专家评分
财务管理（20分）	预算执行（5分）	预算决算差异（5分）	项目实际决算符合项目中所罗列的预算，偏差合理，一般不超过10%	
	经费管理（15分）	经费管理规范（7分）	严格按照财务规范实施，设立项目明细账进行归集核算	
		项目经费使用情况（8分）	对项目经费能够快速、合理进行账务处理，账务进度与项目进度一致；有原始记账凭证，使用财务专用单据，支出类别符合本次项目；支出符合协议规定；财务凭证完整	
项目管理（25分）	专业体现（6分）	专业运用（4分）	服务的设计和实施能体现专业工作手法	
		流程规范（2分）	建立了规范的专业服务流程及相应的文书套表	
	改进提升（2分）	整改完善（2分）	吸收中期评估的意见和建议，对需要注意和改进的地方制定完善的改进计划和措施，整改情况较好	
	档案管理（6分）	活动档案规范（4分）	项目实施证明材料完整、真实、规范、有条理	
		资料提交准时（2分）	配合第三方进行日常监测，按时按要求向资助方报送相关材料	
	风险管理（2分）	风险预测及应对（2分）	项目执行过程中对风险的管理控制得当（没有风险分数最高）	
	进度管理（6分）	项目进度（6分）	项目进程符合计划书原定进度，完成协议规定的工作量	
	合作关系管理（3分）	项目合作方的关系维护（3分）	执行机构与项目委托方、合作方保持良好的关系，并为项目的开展带来积极的影响	
团队管理（10分）	人力资源（7分）	人力配备（5分）	按照项目合同要求配备了相应数量、资质符合的项目人员，分工合理、明确	
		团队人员稳定（2分）	在项目实施过程中，项目团队人员稳定	
	能力提升（3分）	督导与培训（3分）	定期接受内部或外部督导，为项目人员提供内外部培训、晋升、学习机会	
项目成效（35分）	产出目标（10分）	量化指标（10分）	在项目实际开展过程中，每项活动所完成的量化指标符合原定计划活动要求的指标	
	成效目标（15分）	受益面（10分）	服务覆盖面达到协议要求的人群及地区	
		受益程度（5分）	服务对象、社区（单位）的受益及改变情况	
	相关方反馈（10分）	服务对象评价（5分）	服务对象的认知度、满意度反馈	
		合作方评价（3分）	项目落地社区或街道、相关职能部门等对项目执行情况的评价	
		督导评价（2分）	项目外部督导对项目开展情况的总体评价	

续表

一级指标	二级指标	三级指标	指标说明	专家评分
影响力 （10分）	宣传推广 （5分）	宣传成果（3分）	定期更新项目动态，积极向媒体供稿，通过市级或以上新闻媒体、刊物等宣传、推广项目	
		提炼总结（2分）	完成至少一篇服务案例或一篇服务开展经验文章	
	可持续发展 （5分）	模式梳理（5分）	对项目模式有意识地进行梳理总结，为后续项目的复制推广奠定基础	
总分				
专家评价和建议				

专家签名：   日期：

实 践 篇

文 題 竅

第7章　从先行先试到先行示范——
深圳社区服务体系

　　2014年1月1日，习近平总书记在福建调研时强调，"社区虽小，但连着千家万户，做好社区工作十分重要"。社区是社会治理的最基础单元，是一个小社会，其人员结构、文化符号、社会网络等有着特殊的复杂性，这提醒社区工作者在开展社区服务工作时，不能仅着眼于眼前的活动，社区活动仅是社区服务的一种外显形式，社区工作者要从宏观视野对社区的管理体制、服务体系等方面多加综合了解，在大框架之下基于社区的实际情况设计和开展适切的社区服务。深圳作为中国改革开放的窗口与试验田，40多年来一直发扬敢闯敢试、敢为人先、埋头苦干的特区精神，勇当新时代的"拓荒牛"，创造了工业化、城市化、现代化发展的奇迹。社区管理体制是社区各机构及主体得以良性运转的制度基础，而社区服务体系是社区多元服务的体系化呈现，通过了解这些信息，社区工作者可以掌握社区关键的组织有哪些、它们的角色及职责是什么、多元主体应如何合作、它们的背后有什么资源、有什么服务可以和社区工作者拟开展的服务相配合……本章从深圳的社区管理体制、社区服务体系、社区服务特色案例等方面展开，系统呈现深圳社区服务体系的网络及建设情况。

⊕ 实践学习目标

1. 了解深圳的社区管理体制变迁及相关主体角色。
2. 了解深圳的社区服务体系及相关社区服务资源。
3. 了解深圳的社区服务特色案例模式及经验做法。

7.1　深圳的社区管理治理体制发展历程

　　深圳从小渔村发展到国际化大都市，其社区管理体制也随着大规模、高速的城市化现代化进程而不断变革，尤其是 20 世纪 90 年代以来，高速的城市化发展使得深圳暴露出更多问题，原有的社区管理体制已无法适应现代城市社区发展要求，深圳的社区管理治理体制经历了较为频繁的变更，每一个方案的试点、全面铺开、调整、创新，都充分凸显了深圳先行先试的改革探索精神。本书编者对深圳的社区管理治理体制发展历程进行了较长时间的文献查阅，并对相关人员进行了访谈，将这个发展历程总结为六个阶段。这六个阶段的划分不一定足够科学，更多从不同时期社区内不同管理治理主体的变化和不同时期较为显著的管理治理特点出发，希望帮助读者尽可能全面地了解深圳的社区管理治理体制发展历程。

7.1.1　"从村改居到居改社"阶段：1992—2002 年

　　在 1992 年之前，深圳的社区管理体制以村委会+党支部+股份合作公司"三位一体"管理（实际多为几块牌子一套人马）为主，三大主体承担了村经济发展、公共事务、村民福利保障等工作，基本还是大包大揽。1992 年，伴随着改革开放和建立社会主义市场经济的大潮，深圳作为特区身兼"先行先试"的重任，制定了《关于深圳经济特区农村城市化的暂行规定》等顶层设计方案，推动了深圳的农村城市化。原特区内的"村委会"全部改为"居委会"（全称为"居民委员会"，当时还没有社区概念，两者的变化更多体现在市民从农民到居民的身份变化、土地性质从农村到城市的变化），居委会的主要职能包括完成政府交办的行政性工作、服务性工作和居民自治工作，受街道办事处的领导；原农村集体经济改为股份合作公司，土地收归国有，征地费用作为股金入股股份公司。仅仅一年时间，特区内 68 个行政村、173 个自然村均转为城市居委会。到 2002 年 6 月 18 日，随着特区内最后一个以管理农业区域为主要功能的镇级建制——沙头角镇撤镇设街道办事处，深圳特区内第一次农村城市化宣告结束，特区内的 4.6 万农民陆续变成城市居民。

　　2000 年 11 月，《民政部关于在全国推进城市社区建设的意见》颁布，在全国范围内掀起了一股社区建设的热潮。根据这个文件，社区是指聚居在一定地域范围内的人们所组成的社会生活共同体，城市社区的范围一般是指经过社区体制改革后做了规模调整的居民委员会辖区。在这个大背景之下，深圳先在福田区皇岗、梅林一村开展试点，2002 年全面铺开"居改社"，"居民委员会"变成了"社区居民委员会"（简称"社区居委会"）。从文件精神来看，街道办事处和社区居委会的关系不再是直接领导关系，而是指导和被指导的关系。从这个时期开始，社区居委会建制一直保留至今。

这个时期的社区管理体制改革从政策上厘清了社区党组织、社区居委会和社区股份合作公司等的角色和功能，尤其是居委会的功能得到了一定程度的发挥。需要指出的是，这个时期的社区管理体制也逐渐暴露出问题：一方面，无论是村委会还是居委会，实际承担了越来越多从政府和企事业单位下沉的行政事务，居委会的服务和自治角色被弱化，功能发挥有限；另一方面，这时重点的管理及服务的对象仅限于户籍人口，而随着深圳城市化和经济的飞速发展，大量的外来人口涌入使得深圳基层的管理压力逐步增大，需要新的调整来应对。

7.1.2 "全域城市化"阶段：2003—2004 年

上述阶段的城市化变革仅发生在原特区内，原特区外依然是"三位一体"管理模式。随着整个深圳工业产值、人口数量的不断增加，深圳无论是原特区内还是原特区外的经济和社会结构都发生了翻天覆地的变化，如 20 世纪 90 年代起在原特区外，村里就很少有人种地了，村民们有的开工厂，有的做生意，有的打工，土地则多被用来盖厂房、建高楼，但城市和农村两种管理体制并存、农村数量过多等问题越来越阻碍深圳这座城市的现代化进程，更高程度的城市化迫在眉睫。2003 年 10 月 29 日，《中共深圳市委 深圳市人民政府关于加快宝安龙岗两区城市化进程的意见》发布，正式意味着深圳全域城市化的启动。按照文件要求，宝安区、龙岗区首先分别选择龙华镇、龙岗镇开展试点工作。在全域城市化的浪潮推动下，2004 年 7 月 1 日，宝安区全部撤镇改街道；8 月 26 日，龙岗区全部撤镇改街道，镇一级建制在深圳成为历史；9 月 15 日，龙岗区全部完成"村改居"。9 月 29 日，全市最后两个村——宝安区沙井街道民主村、福永街道塘尾村完成了"村改居"改制。

至此，时年 24 岁的深圳经济特区进入了一个崭新的阶段，真正成为全国第一个没有农村行政建制和农村管理体制的城市，成为法理上没有农村的城市。实现全面城市化，这是历史大势所趋，也是我国城市建设史上一次大胆的尝试。

7.1.3 "一会两站"阶段：2002—2005 年

"全域城市化"阶段和"一会两站"的探索实际上处于同一时期，前者侧重于关外，后者则以盐田区为试点。为了进一步解决居委会行政化严重等问题，"一会两站"模式正式登上舞台。2002 年，深圳市委、市人民政府发布《关于加强城市社区建设工作的意见》，提出要建立由社区党组织、社区居民会议和社区居委会组织的新型社区组织体系，并首先以盐田区为试点，实行"议行分设"的"一会两站"改革（也被称为"盐田"模式）。所谓"议行分设"，就是将居委会的行政、自治和服务这三种功能分化，将政府行政职能和公共服务功能从居委会中剥离出来，从居民中直接选举产生社区居委会来履行社区自治功能，在居委会再下设社区工作站和社区服务站。

盐田区创新性地将社区居委会的选举范围扩大至社区全部居民，并建立了选举、新型的人才培育和考评等配套机制，有效地推动了社区居委会的人员向年轻化和知识化转变，这更有利于居委会自治功能的发挥。社区工作站是区政府通过街道办事处设在社区的工作机构，是政府在社区的行政服务平台，主要承担下沉的行政事务。这一建制在深圳沿用至今，也是深圳社区管理体制区别于其他地区的一个重要特色。社区服务站主要开展多彩多样的社区公共服务和公益活动，按照民办非企业单位进行登记，属于非营利机构，其利润仅能用于本社区的公益活动和公共事务。这一创新的尝试也与2005年深圳市盐田区人民政府印发的《盐田区推进社区服务市场化若干政策的规定》允许政府以购买服务项目的方式推动社区服务社会化有关，是为了建立起适应社会主义市场经济体制的社区服务业运行机制。以盐田区为例，社区服务站的经费主要来源于专门设立的盐田区社区服务发展专项资金和部分低偿服务收入等。值得一提的是，社区工作站和社区服务站都隶属于社区居委会，受其管理和监督，所以细分来说，也有人称为"一站设两居"或"一站合两居"模式。

这一新的社区管理体制的建立，一定程度上理顺了政府与社区关系的制度设计，使政府工作和社区服务工作初步进行了界分和规范，使社区居委会的自治功能得到有效发挥。2006年，盐田模式荣获"第三届中国地方政府创新奖"，并一度成为国内社区管理治理的代表性模式之一，在全国有较大影响。但这样创新的体制也有其弊端，即社区工作站是法定的承担政府下沉行政工作的机构，使得社区工作站承担的工作越来越多，且不少社区居委会、社区工作站、社区服务站三块牌子的职能和人员没有分离到位，更加剧了社区居委会的行政化问题。

7.1.4 "居站分设"阶段：2005—2010年

2005年2月，深圳市委办公厅、市人民政府办公厅印发《深圳市社区建设工作试行办法》，全面推行"居站分设"改革措施，在社区居委会之外独立设社区工作站。该办法明确了社区工作站的设立、调整和撤销，由街道办事处申请，经上级相关部门提出意见后报区人民政府批准和报市民政局备案方可成立，并明确了其职责是"承办政府职能部门在社区开展的各项行政工作"，包含社区安全、计生、社会保障等多项事务。社区工作站和社区居委会是职能不同的两个并行组织，不再是上下级关系，而是相关支持和配合的关系，但前者需要接受后者的监督，并需要配合后者依法开展社区自治等工作。在这一体制下，社区居委会得以摆脱沉重的行政负担，能够更加专注于群众性自治组织的功能发挥。2007年1月，《市民政局关于进一步完善我市社区管理体制的意见》发布，推动"一站多居"的模式，即在一个社区工作站管辖范围内设立多个社区居委会。截至2008年底，深圳设立了630个社区工作站、854个社区居委会。这一时期的社区服务站依然存在，但随着深圳推行政府购买服务项目的扩大及购买方式的改变，社区居委会对社区服务站的指导和监督作用已经逐渐弱化，社区服务站主要按照项目制开展相关社区服务。

"居站分设"的设计虽然能让社区居委会从行政事务中剥离，实现真正意义上的自治，但这样的设置又催生了其他问题。例如：由于社区居委会没有了很具体的工作事项，其联系群众的功能逐渐被架空，而且"费随事转"的机制使得承担了大量行政事务的社区工作站能够获得更多的资源，在群众心目中更有分量，这些都进一步推动了社区居委会的边缘化；社区工作站的定位和职责不够明确，工作人员身份编制不明确，工作量大，工资待遇低，这也导致这支队伍的专业化和职业化程度不够高；随着经济的发展，居民的服务需求越来越多元和多样化，现有的社区工作站水平需要进一步提升才能够匹配人民群众不断向上的服务需求。

7.1.5 "社区专业服务强化"阶段：2011—2015年

随着政府与社会、市场的关系不断调整，政府职能转移和服务购买成为重要趋势。国家制定的《社区服务体系建设规划（2011—2015年）》和深圳制定的《深圳市社区服务"十二五"规划》均提到要积极以政府购买服务的方式来满足人民群众对服务的需求。经济发展较好的深圳特区早在2007年就发布了社会工作发展的"1+7"文件①，以购买社会工作岗位的方式推行社会工作服务，在2010年初更是尝试向社会工作服务机构购买社区服务中心的综合服务。2011年，《深圳市社区服务中心设置运营标准（试行）》发布，同年4月，首个社区服务中心——大浪社区综合服务中心揭牌。此后，深圳各个社区都开始通过向社会工作服务机构购买服务的形式设立社区服务中心。该标准规定，社区服务中心运营项目由具有独立法人资格的、在深圳市级或区级民政部门登记成立的社会组织，通过参加政府招投标而获得。社区服务中心的服务主要包括居民所需的基础公共服务和便民利民经营性服务。该标准还设置了社区服务中心的服务建议表，共计七大类，包括社区助老服务、助残服务、妇女儿童及家庭服务、青少年服务、优抚对象服务、特定人群服务和居民自助互助服务，对哪些服务必须要开、哪些服务可以选择开给予了较为清晰的指引。社区服务中心可以看作是"一站两居"时期的社区服务站的升级版，两者最大的不同在于专业化的体现，前者是将社区服务交由专业的社会组织（社会工作服务机构）来承担，专业化和社会化程度都更加凸显。到2015年底，全市基本实现了社区服务中心全覆盖。因为这个时期的社区工作站及社区居委会没有发生明显的改变，社区服务中心作为新生事物更为突出，所以将这个时期称为"社区专业服务强化"阶段。

社区服务得以空前强化，对社区和谐关系建设有较大推动作用，但关于社区工作站去留和社区居委会边缘化等的争论一直没有停过，甚至有部分学者呼吁撤销社区工作

---

① 2007年，深圳市委、市政府在国内率先出台《关于加强社会工作人才队伍建设推进社会工作发展的意见》及七个配套文件，简称"1+7"文件。

站。先行先试的深圳也开始了探索，于 2012 年对南山区招商街道办下辖的花果山社区工作站进行转型，撤销社区工作站，建立社区综合服务中心，通过政府购买服务的方式由深圳本土社会工作服务机构阳光家庭承接，由其承担社区工作站原有的行政职能。社区综合服务中心不再像社区工作站那样隶属于街道办事处并受其管理，两者为合作关系，但在实际操作中，街道办事处作为服务购买方的话语权极大。这项改革引发了关于社区工作站去留问题的更广泛的社会讨论。截至目前，花果山模式仍在继续，但却没有在深圳其他地区推广复制，社区工作站建制仍是主流。

7.1.6 "区域化党建引领"阶段：2015 年至今

在进一步加强基层党建的发展趋势下，2015 年 1 月，《深圳市基层管理体制改革指导意见》印发，提出要着力构建以社区综合党委为核心，以居委会自治为基础，以社区工作站为政务管理服务平台，社区各类主体共同参与的新机制，形成党委领导、政府负责、社会协同、公众参与、法治保障的基层治理新格局。该文件的印发为后续党建引领社区治理格局的形成奠定了基础。2015 年底，深圳出台《关于推进社区党建标准化建设的意见》，提出每个社区至少建立一个社区党群服务中心，在社区统一设立党委，在社区党委的领导下，整合各方力量开展社区服务，并在服务群众的工作中突出党组织的作用，树立党的形象。从硬件设施来看，社区党群服务中心需要按照社区党建标准化要求，统一名称、标识，按资源共享原则在中心设置各类功能区域。2016 年 4 月起，全市的社区党群服务中心基本已完成更名。

从社区主体关系来看，社区各主体有了更明确的关系，即在社区范畴内，社区党委领导一切，社区工作站、社区居委会及原有社区服务中心的社区工作者团队归社区党委管理，几方之间变成了上下级关系。虽然《关于推进社区党建标准化建设的意见》已提出社区党委和居委会班子等要交叉任职等要求，但在 2018 年发布的深圳史上首批党内法规中的《中国共产党深圳市社区委员会工作规则（试行）》又再次强化提出，要规范社区党委班子成员在居委会、工作站、社区股份合作公司等组织中的交叉任职。社区党委书记兼任工作站站长、党群服务中心主任，通过法定程序兼任居委会主任，可以依据有关规定兼任社区股份合作公司集体资产管理委员会主任（不兼任董事长、总经理）。社区党委、居委会班子成员交叉任职比例应当达到 80%以上。党建引领的优势是在社区党委的引领下，能够对社区治理大盘子工作进行统一部署，合理调动和分配资源，避免工作的重合和资源浪费。但从近年来的实践来看，一些社区党委并没有充分认识并合理利用社区居委会的自治作用和社区工作者的专业作用，社区党委如何在社区治理中调动各方力量、发挥各自优势，还需要进一步探索。从功能发挥上来看，社区党群服务中心仅是一个空间，它承载了社区党委、社区工作站、社区居委会三块牌子，虽然三块牌子各有功能，但由于目前社区党委和居委会班子成员基本已实现 100%交叉任职，而社区党委又领导一切,社区居委会处于空前的边缘化和空心化状态,仅有每五年一届选举时才有些许存在感。社区工作站则由于有十分明确的行政事项,存在感一直都十分强。

总体而言,经过近十年的探索,以人民为中心,党委领导、政府推动、社会协同参与的社区党群服务中心已成为深圳市社区服务的基础阵地和整合资源、促进社区参与的枢纽平台。

7.2 深圳的社区服务体系

根据国务院办公厅于 2021 年印发的《"十四五"城乡社区服务体系建设规划》,社区服务体系是指党委统一领导、政府依法履责、社会多方参与,以村(社区)为基本单元,以村(社区)居民、驻区单位为对象,以各类社区服务设施为依托,以满足村(社区)居民生活需求、提高生活品质为目标,以公共服务、便民利民服务、志愿服务为主要内容的服务网络和运行机制。需要特别说明的是,本章所提及的社区服务不包含社区商业服务,以公共服务、社会服务和志愿服务等为主,具备一定的行政性质、公益性质和公共性质。

2019 年 8 月,《中共中央 国务院关于支持深圳建设中国特色社会主义先行示范区的意见》提出深圳要打造民生幸福标杆,构建优质均衡的公共服务体系,实现幼有善育、学有优教、劳有厚得、病有良医、老有颐养、住有宜居、弱有众扶。从民生"七有"到民生"七优",凸显了深圳先行示范的责任担当。深圳也不辱使命,在社区服务体系建设中取得了喜人的成绩,如搭建"1+10+N"党群服务中心联盟网络,社区健康服务中心 100%覆盖,社区社会工作服务覆盖 100%,培育和发展逾万家社会组织激活社会活力,搭建"民生微实事"平台激发社区活力,投入超过 70 亿元开展民生实事,在全国范围内率先探索社区基金会试点,打造"光明模式"群众诉求服务圈……深圳认真贯彻落实《"十四五"城乡社区服务体系建设规划》《广东省城乡社区服务体系建设"十四五"规划》,以社区居民需求为导向,以改善民生为重点,以服务群众为中心,以改革创新为动力,大力推动社区服务体制机制创新,社区服务体系建设取得显著成效,初步形成了面向全体居民、功能设施完善、队伍健全、参与主体多元、服务形式多样、服务质量和水平较高的社区服务体系。

7.2.1 空间设施:构建以党群服务中心为核心的家门口社区服务设施网络

目前,全市各级各类党群服务中心共 1800 余个[①],市党群服务中心 5000 平方米,10 个区级党群服务中心均不少于 1700 平方米,社区党群服务中心要求均不少于 650 平

[①] 郑思,2023. 市党群服务中心二期启用、"百姓书房"正式开放!全市各级党群服务中心启动"幸福生活节"[EB/OL].(2023-07-03)[2023-09-14]. https://baijiahao.baidu.com/s?id=1770328058751518537&wfr=spider&for=pc.

方米，据不完全统计，平均 1 公里范围内有 1 个，党员和群众都可以就近参与。各党群服务中心设置了办公办事、群众接待、党员教育培训、图书阅览、群团活动、志愿服务、便民服务、文体活动等功能，在工作日和节假日面向党员和群众免费开放。所有场地可通过微信公众号"智慧党建"平台预约使用。此外，截至 2021 年 10 月，深圳建成社区警务室 718 个，社区健康机构 758 家，儿童之家 722 家，社工服务站（点）746 个；街道及以下基层图书馆 698 家，各类自助图书馆 302 个；社区综合性文化服务中心 662 个，社区公园 992 个；各类体育场地约 3 万多个，社会体育指导员服务点 661 个，社区健身设施 100%覆盖，实现 15 分钟健身圈；公共文化体育服务网络基本建成；辖区内有便民超市、便利店等公共服务设施的社区 614 个，15 分钟便民生活服务圈逐步发展。①多元、便利以及综合性+专门领域社区服务硬件设施不断完善，基本构建了深圳"以党群服务中心为核心的家门口社区服务设施网络"，为深圳社区服务的推行奠定了良好的空间和场域基础，为各项服务的开展提供了极大便利。

7.2.2 队伍保障：打造职业化、专业化、社会化的综合性服务队伍

深圳在社区服务队伍保障方面，一直以专业化、职业化和社会化为导向，构建管理规范、结构优良、相互配合、能力水平和综合素质高的社区服务队伍。

1. 行政队伍：社区专职工作者朝职业化方向发展，成为社区服务主力军

为进一步推动社区工作者的职业化水平，提高队伍的稳定性，深圳陆续出台《关于推进社区党建标准化建设的意见》《关于加强社区专职工作者管理的指导意见》等多个文件。一是明确社区党委书记可实行事业岗位、事业待遇，连续任职满六年，经规定程序可使用事业编制，表现优秀的选拔担任街道领导班子成员；二是实施社区"两委"（社区党委和社区居委会）成员学历提升计划，推动成员在 2~3 年内全部达到大专及以上学历；三是开展社区专职工作者职业化、专业化改革，明确身份，落实 3 类 35 档岗位管理体系和薪酬体系、考核晋升等，进一步规范和畅通社区专职工作者职业发展通道。社区党委书记+"两委"成员+其他社区专职工作者构成了一支强大的具有行政色彩的社区专职工作者队伍，成为社区服务的中坚力量。2021 年，全深圳社区居委会选举产生新一届社区党组织书记 704 人，其他"两委"成员 5572 人；社区（村）党组织书记平均年龄 44.9 岁，共有 4 名 90 后，大专以上、本科以上分别占 97.6%和 68.1%。②社区群众在辖区内遇到什么问题和困难，通常最先找到的就是社区专职工作者队伍，所以也可以把这支队伍看作是社区综合性服务的主力军。

---

① 摘自由深圳大学于 2021 年完成的《加快完善先行示范区社区服务体系》调研报告。

② 杨丽萍，2021. 我市村（社区）"两委"换届平稳顺利圆满完成[EB/OL].（2021-03-29）[2023-09-07]. http://sztqb. sznews.com/MB/content/202103/29/content_1009111.html.

2. 专业队伍: 社会工作者 100%覆盖, 专业服务赋能社区

社会工作者是在社会服务和社会治理领域, 综合运用社会工作专业理念、知识和技能, 为有需要的个人、家庭和群体、组织提供公共服务、协调社会关系、解决社会问题的服务类专业技术人员。2006 年, 十六届六中全会提出要建设一支宏大的社会工作队伍的部署, 同年, 民政局在深圳开展全国民政系统社会工作人才队伍建设推进会, 对深圳的社会工作发展提出了要求。2007 年, 深圳率先出台《关于加强社会工作人才队伍建设推进社会工作发展的意见》, 开创了自上而下推动专业社会工作发展的先河。深圳市社会工作者协会 2022 年的年报显示: 截至 2022 年 12 月, 深圳持有社会工作者职业证书人数累计达 36 874 人; 社会工作组织 294 家, 其中社会工作者服务机构及其他机构 280家, 行业协会 14 家; 行业从业人员 9693 人, 其中行政管理及辅助人员 1254 人, 社会工作者 8439 人。从 2007 年以来, 深圳社会工作者已迈入高质量发展阶段, 深入社区建设、精神卫生等 16 个领域服务, 在助力深圳打造民生幸福标杆、探索基层治理新路径中发挥着越来越重要的作用。这里要特别提到的是, 深圳市、区民政部门紧紧依托社区党群服务中心, 通过福彩公益金支持每个社区 50 万元/年购买社区社会工作服务项目, 配置社会工作岗位及行政辅助岗位一般 4~6 人。社会工作者团队在社区党委领导下, 参照《深圳市社区党群服务中心社会工作服务项目工作指引》, 根据社区的实际问题和需求、资源情况提供专业的社区社会工作服务, 目前全市 677 家社区党群服务中心已实现全市社区社会工作服务 100%覆盖。按照要求, 社区社会工作者必须开展社区助老服务、社区困境儿童及家庭、儿童青少年成长支持服务和低保、特困人群、残疾人、困境妇女、流浪乞讨救助服务, 并协助社区"两委"做好"民生微实事"项目的需求征集、项目设计, 协同开展社区心理健康促进与教育等工作。同时, 还需要选择性开展有助于扩大社区参与、促进社区融合和推动社区发展的活动。

除此之外, 市、区、街道三级及各类群团组织购买的相关社会工作专业队伍也会适当下沉社区提供服务, 如反邪教、司法矫正、未成年人保护、反家暴等领域, 使有特殊需求的社区居民可以更快速、便捷地寻求专业社会工作服务帮助。

3. 社会化队伍: 志愿者和社区社会组织成为社区服务的重要助手

深圳是一座志愿服务之城, 志愿文明之花开遍全城, 每 5 人中就有一名志愿者。统计数据显示, 截至 2022 年 6 月, 全市共有注册志愿者 283 万人, 占常住人口的近 15%, 团体志愿服务组织 1.5 万个, 年均参与服务的志愿者达 960 万人次。① 社区志愿者积极参与到社区河道巡逻、文明劝导、交通安全、义讲义教、大型活动协助等活动, 成为社区专职工作者和社会工作者以外参与社区服务的一支高度社会化的补充力量, 是社区服

---

① 志愿服务: 深圳城市软实力"金名片"[EB/OL].（2022-06-01）[2023-09-07]. https://baijiahao.baidu.com/s?id=1736657111593055484&wfr=spider&for=pc.

务的好助手。2020 年，广东省文明委发布了 2019 年全省学雷锋志愿服务先进典型名单，深圳市罗湖区黄贝街道文华社区获评"最美志愿服务社区"，是深圳市唯一上榜社区。以文华社区为例，文华社区在社区党委的引领下成立了多支专项志愿服务队伍，发动居民参与社区治理。例如：2004 年组建退休老人"夕阳红"巡逻队，持续开展安全巡逻、义务宣传、纠纷调解服务；2012 年组建东益环保监督队，逐步引导车商整改污染问题，改善汽车广场周边环境；2014 年组建北斗地铁监督队，协调解决地铁施工产生的噪声、卫生、交通、安全等负面影响，缓解公共建设与居民生活之间的矛盾；2016 年组建北斗交通安全志愿服务队，在北斗小学门口维持秩序，为学生保驾护航；2018 年组建"山竹"台风灾后抢修队，社区十几个单位近 200 人参与灾后修复工作。近年来，文华社区又衍生了多支队伍：环境卫生监督巡查队，每周二固定开展市容环境清扫行动；文明交通劝导队，每天早晚高峰及节假日期间开展文明交通劝导活动；共建单位党员志愿服务队，发挥党建引领作用，由共建单位党员带头参与社区志愿服务。①从文华社区这个例子可以看出，志愿者队伍并不仅仅在社区服务中充当"补充性人力资源"的角色，他们更是参与到社区桩桩件件的公共事务中，为推动社区问题的解决而努力，营造出一种"人人参与、人人有责、人人享有"的社区治理共同体氛围，志愿者已经成为紧紧围绕在社区党委身边、助力社区服务和社区治理的好帮手。

还有一个重要的社会化力量是社区社会组织。根据 2018 年出台的《深圳市社区社会组织登记与备案管理暂行办法》，社区社会组织是指公民、法人和其他组织自愿组成或举办，并在街道或社区地域范围内开展活动的，以满足社区居民不同需求为目的，非营利性、公益性、服务性或互益性的社区社会团体和社区民办非企业单位。志愿者队伍经过一定的组织化和引导后，实际上也是一种社区社会组织。社区社会组织的类别多元，包括：常规类，如社区老年人协会、社区妇女联合会等；文体类，如社区广场舞队、社区篮球协会、老年人文体协会等；公益慈善类，如社区互助协会、爱童助老服务队等；志愿服务类，如社区义工队、义工联、文明使者服务队等；议事协商类，如社区议事团；专业类，如社会工作服务机构、中医文化推广协会等。通常每个社区社会组织都有较强的本地力量，凝聚了一批社区居民，围绕一个共同关心的社区问题和需求，专注在一个领域行动着。这些社区社会组织看似在自娱自乐地干着自己关心的事情，但实际上其在社区治理和社区服务中也发挥着重要作用。以坂田街道四季花城社区为例，社区居住着1.8 万人，其中老年人 5400 人，有不少空巢和独居老人。常言道，远亲不如近邻，如何才能获得"和谐相处、邻里相亲、守望相助"的幸福感？在花城，有一个知名的社区社会组织——"奶奶厨房帮"，由 43 名老奶奶组成，其中年龄最大的 68 岁，最小的 57 岁。她们多才多艺，厨艺精湛，用炒勺和微笑给社区的空巢老人送去爱心和温暖。除了上门

---

① 【城市文明典范】深圳罗湖：文华社区获评全省最美志愿服务社区[EB/OL].（2020-03-11）[2023-09-07]. http://www.luoohu.com/content/2020-03/11/content_22947919.htm.

服务，提供爱心帮厨外，"奶奶厨房帮"成员还经常上门探望老人，通过嘘寒问暖、聊天拉家常，排解老人心中的孤独与寂寞。

以上三大队伍都是目前社区综合性服务的主力，由于社区的问题和需求比较多元，这就需要深圳的社区服务队伍多元化、多样化。除此之外，还有许多专门性服务队伍。例如：深圳市配备社区民警 3000 多名，总数占派出所总警力的四成；每个社区均配备 1 名兼职的法律顾问，实现"一社区一法律顾问"工作全覆盖；社区健康机构卫生技术人员 1.3 万名……这些队伍虽归属政法、医疗等不同系统，但都是下沉社区提供社区服务的实际主体，原则上需要在社区党委的引导下，以人民为中心，相互合作、相互配合，优势互补，共同夯实社区服务的队伍保障。

7.2.3 服务内容：社区服务内容不断拓展和丰富，满足人民群众美好生活向往的需求

1. 社区党群综合服务

截至 2023 年 6 月，深圳已有 642 个社区，这些社区依托社区党群服务中心和社区辖内其他的园区、商圈、小区等党群服务中心阵地，秉持资源共享的原则，在社区党委的引领下，引导社区工作站、社区社会工作者团队、群团组织、企事业单位、物业服务企业等为社区居民提供综合性服务，包括行政办事和党群服务、普惠性服务、不同群体服务（妇女、儿童、青少年、老年、来深建设者等）、志愿服务、和谐邻里服务等。此外，社区党群服务中心积极链接区职能部门及街道的服务资源下沉社区，不断丰富社区服务的内容和形式，尤其社区"民生微实事"开展以来，居民的多样化需求得到更大程度的满足。

2. 社区"一老一少"服务

深圳民生幸福标杆明确提出了"幼有良育""老有颐养"的要求，且随着我国老龄化趋势的发展和 2021 年《中华人民共和国未成年人保护法》正式生效，"一老一少"服务更加凸显其重要性和急迫性。

在这样的背景下，深圳积极建设中国特色社会主义先行示范区"老有颐养"民生幸福标杆城市，基本形成"政府主导+社会参与"多元养老服务供给格局，初步构建"救助+福利+优待"老年社会保障体系。截至 2023 年 3 月，深圳建成社区养老服务机构 142 家、长者饭堂和助餐点 380 家，实现社区为老服务设施全覆盖。[①]

深圳高度重视未成年人保护工作，在市一级层面设立深圳市未成年人救助保护中心，各区挂牌设立未成年人救助保护中心，各街道实现未成年人保护工作站全覆盖，构

---

① 罗凯燕，2023. 年轻深圳积极"备老" 建成社区养老服务机构 142 家[EB/OL]．（2023-03-14）[2023-09-14]. https://wxd. sznews.com/BaiDuBaiJia/20230314/content_1189204.html.

建起了市、区、街道、社区四级未成年人保护网络。全市 74 个街道都配备了儿童督导员、663 个社区均配备了儿童主任，总体形成了"儿童督导员+儿童主任+儿童社会工作者"的基层儿童工作队伍；依托 12345 政务服务热线平台，率先开通运行 24 小时未成年人保护热线。①此外，深圳是率先提出要打造儿童友好型社区的城市，截至 2021 年 12 月，深圳已建成妇女儿童之家 722 个，各类儿童友好基地 338 个，深圳 10 个区（新区）均在社区成立了儿童议事会，开展议事活动超千场，各类公园建设超千座并逐步增加完善了儿童活动空间和自然教育等设施场所②。预防性和保护性为主的未成年人保护服务和发展性为主的儿童友好型社区建设有效构建了多元的社区儿童服务体系，成为"幼有良育"中的重要组成部分。

3. 社区救助服务

近年来，深圳市不断提升社会救助保障水平，建立起以基本生活救助、专项社会救助、急难社会救助为主体，社会力量参与为补充的分层分类救助制度体系。2022 年，深圳市民政局、市财政局联合印发《关于进一步保障好困难群众基本生活的通知》，提出了 5 大机制 18 条兜底保障措施。深圳先行先试，最低生活保障范围突破了户籍制度，适度扩大到非户籍人群，2023 年将低保标准提高至 1413 元，位居全国前列；孤儿最低生活养育标准从 2016 年的 1900 元/（人·月）提高至 2023 年的 2454 元/（人·月），儿童福利保障对象从孤儿弃婴扩大到困境儿童；通过实施"深圳特区建设者重大疾病关爱基金""雏鹰展翅计划"等慈善救助项目，为因病、因学致困人员解决难题，累计资助 2.95 万人次，支出约 3.45 亿元。各类"弱有众扶"的社会救助措施，让深圳民生保障有力度有温度，更加擦亮民生幸福标杆牌子。

除了对社区居民的生活、就学就医等方面的救助，深圳还有法律援助服务。根据《广东省法律援助条例》的相关规定，经济困难公民、特殊案件当事人在遇到法律问题或者合法权益受到侵害时，可以申请法律援助。福利院、孤儿院、养老机构、光荣院、优抚医院、精神病院、SOS 儿童村等社会福利机构，因维护其合法民事权益需要法律帮助的，法律援助机构根据其申请可以提供法律援助。社会组织依法对污染环境、破坏生态等损害社会公共利益的行为向人民法院提起民事公益诉讼的，法律援助机构根据其申请可以提供法律援助。

4. 社区文体服务

城市文明标杆是深圳先行示范区的另一个战略定位。深圳一直坚持打造高水平城市

---

① 一同守护孩子成长的蓝天 深圳未成年人保护工作宣传月精彩开启[EB/OL].（2022-06-01）[2023-09-14]. http://mzj.sz.gov.cn/cn/xxgk_mz/mtgz/content/post_9842365.html.

② 伴爱童行！这十年，打造儿童友好城市的生动样本[EB/OL].（2022-09-03）[2023-09-14]. https://m.thepaper.cn/baijiahao_20039499.

文化品牌，截至 2021 年底，全市（不含深汕合作区）共建成区级以上文化馆 10 个、街道综合性文化服务中心 74 个、社区综合性文化服务中心 663 个，街道、社区两级覆盖率均达到 100%；建成公共图书馆 733 家，其中市级馆 3 家，区级馆 9 家，街道及以下基层图书馆（室）721 家，24 小时自助图书馆 306 个，已基本实现市、区、街道、社区四级公共文化设施全覆盖，初步构筑起"十分钟文化圈"。全市每年举办公益文化艺术活动上万场次，受惠市民超过千万人次；全市有各类体育设施 22 093 个，通过预约可轻松体验城市的文体活动……便利的基层文化服务阵地，让社区居民随处能享受到便利、高品质的文体服务。

在社区文体服务中，有一支队伍不得不提，那就是深圳市社会体育指导员协会。截至 2021 年 11 月，深圳市、区级社会体育指导员协会实现全覆盖，共成立 60 个市级服务点，注册社会体育指导员队伍人数达到 39 180 名，基层指导时间超过 12 万小时，年服务人群超过 500 万人次。这些指导员深入社区基层，以实际的服务支持社区文体教育事业，是社区文体服务的重要力量。此外，各社区在社区社会工作者等团队协助下培育了各种各样的文体兴趣队伍，以文体为媒增进社区居民的凝聚力和归属感，营造社区和谐氛围。

5. 社区健康服务

深圳从 1996 年启动社区健康服务体系建设，是全国最早开展社区卫生服务试点的城市之一，一直积极贯彻落实健康中国战略，积极推进社区健康中心建设。截至 2021 年底，全市已建起 833 家社区健康机构，覆盖率达到 100%，平均 2 万人就拥有 1 家社区健康机构。以罗湖区莲塘街道社区健康服务中心为例，在这个占地面积 3300 平方米五层楼高的社区健康中心里，按楼层设置了外科服务区、治疗区、药事服务区、全科诊疗区、中医馆等功能区，中心还拥有 X 光机、全自动血细胞分析仪、尿液分析仪、心电图机等 10 多种医疗设备。①居民走出家门口就能享受便利、高质量的社区健康服务，每年社区健康中心还会开设各种各样的义诊和健康讲座活动，将健康知识和设备、技术送到居民面前。社区健康中心还推出"家庭医生"签约服务，动态管理社区居民健康情况，这一举措对有糖尿病、高血压等长期慢病患者有较大作用。除健康诊疗功能，社区健康机构常与社区党群服务中心的专职工作者、社会工作者等合作开展健康讲座、义诊等社区活动，发挥社区健康教育功能等。

社区健康与社区公共卫生息息相关，为提升社区公共卫生能力，深圳在居民委员会下设立公共卫生委员会。根据深圳市委组织部的统计数据，截至 2021 年 7 月 1 日，全市 821 个公共卫生委员会全部完成设立，在全省率先实现全覆盖。821 个公共卫生委员

---

① 郑明达，2022. "小医院"开在家门口　守好居民"健康门" [EB/OL].（2022-05-24）[2023-09-07]. http://society. sohu.com/a/550154050_120046696.

会共推选成员 5250 名，全部经党组织推荐把关、居民协商产生，公共卫生委员会主任由居民委员会主任、副主任担任，副主任全部由社区工作者、社区民警、社区健康中心医务人员等社区"三人小组"成员以及社区健康中心负责人担任。

6. 社区平安服务

在社区警务服务方面，自 2018 年以来，深圳各级公安机关立足社区、依靠社区、服务社区，全力深化社区警务战略，截至 2021 年 10 月，全市共有 718 个社区警务室（含深汕合作区），已实现了全市社区全覆盖；配备社区民警 3886 名，社区民警总数占派出所总警力数的 40.46%，符合公安部明确的标准要求。创新"警格"责任制，将全市划分为 2107 警格，每个警格捆绑责任民警，压实了社区民警"块责任"。同时，推动全市社区警务室社区警长进社区党委班子，促进社区警务工作与社区党务、政务、事务深度融合。以社区警务室和警格为基础的社区警务服务，为社区居民平安稳定的生活和工作环境打下了坚实的基础。[①]

在平安防控体系建设方面，深圳依托高科技智慧综合管理平台，联动街道、社区、社会组织等社会力量建立"1、3、5 分钟"快速反应圈，有效提升对突发事件的反应和处置能力。

在平安建设制度化建设方面，2020 年深圳出台了全国首部关于平安建设的《深圳经济特区平安建设条例》，为维护社会治安秩序、营造共建共治共享的社会治理格局、推进平安深圳建设提供制度保障和行动指引。2021 年，深圳在全省平安建设考评中排名前列，取得五年来的最高名次，福田区荣获"平安中国建设示范县"称号。

在平安服务阵地建设方面，《深圳经济特区平安建设条例》要求市、区、街道设立社会治安综合治理中心（以下简称"综治中心"）作为平安建设工作平台，主要开展下列工作：第一，组织协调有关单位收集整理辖区内人口、单位、房屋、事件等社会基础信息，开展社会治安和社会稳定形势动态监测和研判；第二，指挥调度、检查督促有关单位开展综合治理维稳工作，排查公共安全隐患、违法犯罪和其他不安定因素；第三，组织开展法治宣传教育；第四，组织化解矛盾纠纷。综治中心可以根据工作需要，配备必要的办公场所以及人员，建立分拨、流转、协同工作机制，及时处置有关问题。

在矛盾纠纷调解方面，深圳积极探索信访源头治理模式，最先在光明区推动群众诉求服务试点，在社区、园区等打造群众诉求服务点，系统整合行政、司法、社会等多元力量投入，在家门口就地就近解决群众诉求，把矛盾纠纷化解在基层，避免矛盾纠纷升级。据统计，2019 年以来，光明区共受理群众诉求 84 799 宗，已化解 84 671 宗，化解率达 99.85%，涉及 158 万名群众，涉及金额 26 亿元。绝大多数诉求第一时间就能在家

---

① 摘自由深圳大学于 2021 年完成的《加快完善先行示范区社区服务体系》调研报告。

门口得到解决。2022 年，光明全区共受理群众诉求 21 360 宗，已化解 21 310 宗，化解率达 99.77%，相关经验做法入选"中国改革 2022 年度地方全面深化改革典型案例"，荣获第十九届深圳关爱行动"十佳创意项目"奖。在"2022 中国社会治理百强县（市、区）"评选工作中，光明区光荣位列全国第二名。[①]"光明模式"备受国家、省、市各级领导的广泛关注与肯定，工作经验正在全省、全市推广，截至 2023 年 5 月，深圳全市范围内共建成各级群众诉求服务大厅 803 个、服务站点 1359 个，基本实现服务阵地、诉求平台全市覆盖。[②]

7. 社区慈善服务

社区慈善服务立足社区，以居民需求为导向，以慈善项目为驱动，以创新推动社区与社会组织、社会工作者、社区志愿者、社区慈善资源"五社联动"机制为抓手，充分发挥慈善事业的第三次分配作用，大力发展社区慈善事业，回应社区居民的民生幸福需求，助力建设人人有责、人人尽责、人人享有的社会治理共同体。深圳的社区慈善服务主要体现在慈善超市和社区基金（会）两个载体上。

根据我国民政部的定义，慈善超市是借助超级市场管理和运营模式，为困难群众提供物质帮扶的社会机构。为保障困难群众的基本生活需要，实现精准救助，深圳实施了"慈善超市资助"项目，先后使用福彩公益金资助 9 家慈善超市（1 家市级慈善超市和 8 家区级慈善超市），涵盖线上与线下两种模式，基本覆盖全市各区，开展日常捐赠接收和救助（表 7.1）。

表 7.1 深圳市慈善超市分布

序号	名称	地址
1	鹏城慈善创益空间（市级慈善超市）	深圳市笋岗东路 12 号中民时代广场 B 座一楼
2	福田区慈善超市	福田区石厦北一街 10 号信托花园 1 栋 2 层
3	罗湖区慈善超市	线上配送
4	盐田区慈善超市	盐田区沙头角海山路 28 号
		盐田区沙头角海福居 1-2 号商铺
5	南山区慈善超市	线上配送
6	宝安区慈善超市	宝安区西乡街道宝田工业区 43 栋 B 座
7	龙岗区慈善超市	线上配送
8	龙华区聚善空间慈善超市	龙华区清龙路 8 号 C 栋公寓 1 楼聚善空间慈善超市
9	坪山区慈善超市	坪山区金牛西路燕子岭生活区 4 栋 104-106

资料来源：深圳市民政局。

[①] 广东政法，2023. "家门口"解决群众急难愁盼！深圳"光明模式"探索基层治理新路径[EB/OL].（2023-03-31）[2023-09-12]. http://www.szszfw.gov.cn/jczl/content/post_952109.html.

[②] 许懿，2023. 深圳：探索特区"枫桥经验" 擦亮基层治理"金字招牌"[EB/OL].（2023-05-17）[2023-09-12]. https://epaper.southcn.com/nfdaily/html/202305/17/content_10060910.html.

以市级慈善超市（鹏城慈善创益空间）为例，该慈善超市于 2021 年 5 月 20 日正式向市民开放。鹏城慈善创益空间是深圳首个集慈善募捐、帮扶救助、志愿服务、慈善文化和福彩宣传、慈善合作交流等多种功能于一体的慈善综合服务平台，也是深圳推动全民慈善、便民慈善的又一创新载体。鹏城慈善创益空间设有慈善主题陈列区、重点项目或公益产品推介区、创益沙龙区（公益直播区）、公益阅读区和创益咖啡区五大功能分区。截至 2022 年 8 月，共对接约 110 家各类公益组织、爱心企业、行业协会等，募集捐赠款物共计约 2940 万元，其中募集物资约 2660 万元，募集资金约 280 万元；开展"圳在行动""圳有爱暖心包""圳有爱清凉包"等多个公益品牌项目；累计为逾 3500 户次低保家庭发放公益金、米、油、纸巾、洗衣液等公益物资和捐赠物资逾 4.3 万件，惠及10 000 人次以上低保群众。

以福田区慈善超市为例，该慈善超市由实体店和物资发放点组成，其中物资发放点在一个商场超市内，低保户家庭只需要在选购好商品后在结账处进行简单的登记即可成功领走。福田区慈善超市每月为辖区低保户免费提供相当于市场价值 200～300 元的生活必需品（低保户成员 1～2 人领取标准为 200 元，3 人及以上领取标准为 300 元）。

深圳是我国社区基金会的发源地，自 2014 年出台《深圳市社区基金会培育发展工作暂行办法》以来，深圳已陆续成立 30 余个社区基金会（登记注册形式）和社区基金（冠名基金形式），这些社区基金（会）在健全社区公共服务体系、改善社区民生和公共福利、提升社区自治和社区治理水平等方面发挥了显著作用。社区基金（会）是社区公益的资金池和枢纽，以非公募的方式在本社区范围筹集资金、汇聚社区慈善力量，以项目化方式帮助有需要的群体，拓展社会力量和社区居民参与社区治理渠道，有效助推社区治理模式的创新。以标杆之一的深圳市光明区凤凰社区基金会为例，该基金会 2014年 3 月成立，至 2021 年已累计筹资近 905 万元，资助超 50 个社区公益项目，如提供大病救助及重大事故救助服务、开展病床探访志愿服务、打造 650 平方米的社区公共服务空间——凤凰空间、动员辖区企业每年春节慰问社区长者、引入社会资金关心关爱侨胞侨眷、培育华侨子女社团助力社区儿童多元智能发展、扶持本土居民创业就业等，在服务社区居民的同时也在居民心中留下了极佳的口碑。社区基金（会）最大的优势就是本地化，能够整合辖区内外部资源，运用本地方案解决社区本土问题。

7.2.4　手段创新：让社区服务插上"智慧"的翅膀

撇开商业手段，过去的社区管理和服务更多依靠人治和法治，随着科学技术的发展和互联网的普及，深圳创新"智治"手段，积极探索"互联网+社区服务"，打造智慧社区样板，让社区服务插上"智慧"翅膀，更加便利、高效、有效，覆盖面更广。例如，全市各党群服务中心均建立"智慧党建"线上主页，5000 多个活动场地面向群众开放并接受预约，借力"智慧党建"，党群服务中心的各项服务通过网络链接广大党员。由此，党建系统依托党群阵地开展活动、深化服务，党群阵地依靠党建系统强化管理、指挥调度，形成了线上线下的服务体系。"智慧党建"不仅成为全面从严治党的工作平台、与时俱进的党员教育平台、联系服务党员的互动平台，也成为党务、政务、服务有机融合的网络阵地。全市推广的"光明模式"群众诉求服务充分运用智慧化手段，在每个社区及园区等群众诉求服务点建立在线司法确认室等，对于达成调解协议的涉及金额较大、情况较复杂的重大纠纷事项，半小时内完成当场申请、当场在线确认、当场制作文书、当场送达等全部流程，让数据多跑路，让群众少跑腿。遇到需要职能部门解决或联动的问题时，社区可通过群众诉求服务智慧管理系统，同步"发令"至街道及有关职能部门，经过多单位联合处置，做到问题早发现、早预防、早处理，使纠纷迅速得到妥善化解。南山区从 2016 年至今，不断更新"智慧南山"平台，如在出租屋和流动人口较多的南园社区安装视频门禁系统 600 套、人脸识别系统 625 套、车牌识别系统 6 套、各类智能消防探测器 390 个、烟感喷淋 2394 个，日均采集人脸信息 9 万条、车牌信息 2000 条。[①]这些大数据汇聚到云平台，在南园社区应急指挥室实现可视化，各项数据一图通览、一键指挥，有效实现社区智慧化管理。这些指挥手段能够帮助传统的社区服务解决信息收集难、反馈不及时、群众覆盖面窄、处理效率低、部门联动少等问题。

7.2.5　组织保障：社会组织蓬勃发展，有效激活社区活力

社会组织的发展壮大与城市经济实力的增长往往是正相关的。2009 年以来，深圳持续深化社会组织的改革与管理，推出了许多对社会组织发展、成长和参与社会治理利好的政策和举措，使得深圳的社会组织发展呈现出高速发展和高质量发展的趋势。截至 2022 年 8 月 31 日，全市共登记社会组织 10 532 家，其中社会团体 4855 家，民办非企业单位 5201 家，基金会 476 家。[②]据不完全统计，社会事业和社会服务类的社会组织占比近七成，这些组织通过资金支持或服务提供等方式，参与到社区服务的方方面面。社会组织相比行政力量而言，更具活力、灵活性和专业性，能够作为政府有力的补充性组织力量回应社区问题，并有效激活社区活力。

基金会依托其资金平台特性直接捐资到社区支持硬件设施建设，或通过项目资助的方法引导其他组织进入社区开展多样化的服务。例如：总部位于深圳的万科公益基金会委托深圳经济特区社会工作学院开展"绿见社区·益创未来——深圳社区环境可持续发展支持计划"，由学院开展社区环境可持续发展调研，并支持 15 个组织在社区开展社区倡导和教育、社区自组织培育、社区营造、社区发展等服务，探索社会组织参与社区环境可持续建设的路径。

---

① 张国锋，2023. 打造城市智能体，南山展现智慧城市新"魔力"丨南山高质量发展⑫[EB/OL]. （2023-08-07）[2023-09-14]. https://baijiahao.baidu.com/s?id=1773566263104816829&wfr=spider&for=pc.
② 深圳市社会组织统计数据（2022 年 8 月）[EB/OL]. （2022-09-01）[2023-09-07]. http://www.sz.gov.cn/szshzzgl/gkmlpt/content/10/10066/mpost_10066434.html#19202.

社会工作服务机构（属民办非企业）则充分发挥专业性，通过政府购买服务、参与公益创投等形式，以项目的方式进入社区开展便民利民、特殊人群、环境保护、组织培育等各项服务。例如：深圳市龙岗区龙祥社工服务中心打造"安全号列车"品牌，始终坚持在深圳各社区开展儿童安全教育服务；深圳市东西方社工服务社开展"老伙伴·志愿行"时间银行互助养老项目，先后在深圳市 8 个行政区、60 多个社区落地实施，培养了 800 余名低龄老人志愿者，结对帮扶近 4000 位高龄老人，累计服务老人 6 万余人次；深圳经济特区社会工作学院在"12·20"滑坡事故后，借助社区营造的模式参与事故后的社区重建，以专业支持和赋能凤凰社区基金会，协助其在后续的社区重建工作中有效发挥杠杆和纽带作用，挖掘并培育了多名热心社区公益事务的能人、达人、匠人，培育了多个社区社会组织、专业型社会服务机构、社区创业团队，打造了企业、社会组织、个人等多元社会力量共同有序参与凤凰社区治理的格局。各社会组织也在各种社区服务实践中，不断成长和进步，实现双向促进，双向反哺。

7.2.6 资金保障：多元化资金为社区服务保驾护航

1. 市级"民生微实事"平台

深圳市自 2015 年开始全面推广"民生微实事"，通过财政资金支持社区民生实施。"民生微实事"项目由市、区两级财政按照 1∶1 的比例每年向社区拨付 200 万元经费，具体工作由街道办事处指导，社区党委和社区居委会具体组织实施。按照要求，各社区可根据社区实际，按照"四议两公开"①议事决策机制，筛选并委托社会组织或商业机构实施三大类"民生微实事"项目，包括服务类、货物类及工程类，如险路危墙变高品质"文化长廊"、家门口的养老服务、困难群众的微心愿帮扶等，切实解决群众急、难、愁、盼问题，不断提升民生福祉。深圳自 2015 年下半年开展"民生微实事"工作以来，累计投入财政资金超过 70 亿元，实施"民生微实事"项目超过 7 万件。②通过各类"民生微实事"项目落地，切实改善群众社区生活品质和精神文化生活，有效提升群众获得感和幸福感。除此之外，社区党委、社区工作站本身也有相关经费支撑基础社区服务的开展，如党员学习教育、党群服务、弱势群体慰问、节庆活动等。

2. 各区职能部门专项资金加持

除了市级资源之外，各区的职能部门从自身职能范围出发，设立多个政府专项资金，充分发挥社会力量参与社会治理和社会服务。例如：由原光明区统战与社会建设局主导

---

① "四议两公开"是"民生微实事"实施程序。四议指的是居民提议、社区党委评议、社区党群联席会议（居民议事会）审议、街道办事处审议（备案），两公开指的是项目确定公开、项目结果公开。

② 罗凯燕，2022. 深圳商报聚焦"民生七有"解决急难愁盼 深圳累计实施"民生微实事"超过 7 万件[EB/OL].（2022-01-18）[2023-09-07]. https://baijiahao.baidu.com/s?id=1722294542380410856&wfr=spider&for=pc.

的"光明新区社区基金会政府扶持培育资金"（2015—2019年），每年投入超900万元，支持多个社区基金会和社会组织，以及31个社区开展服务项目；福田区出台《福田区社会建设专项资金使用管理办法》，主要支持政法领域的项目，包括心理健康、矫治安帮、纠纷调处、法律援助、预防金融诈骗、社区治理领域和其他创新社会服务领域；福田区、龙岗区等多个区均有区级的宣传文化发展专项资金，该专项资金由文体旅游局主导。此外，还有宝安区委组织部主导的宝安区基层党群服务专项资金、大鹏新区社会组织项目扶持计划项目、盐田区培育发展社会组织专项资金、南山区社会组织公益服务创新项目大赛、龙岗区基层社会治理实践项目等。总的来说，这些专项资金以政法线、民政线、党建线、文体线的居多，这些项目大多数直接落地在社区层面，相当于进一步为社区充实了服务资金。

（1）彩票公益金

根据《彩票管理条例实施细则》第四章第四十四条的规定，彩票资金是指彩票销售实现后取得的资金，包括彩票奖金、彩票发行费、彩票公益金。彩票公益金是彩票资金的重要组成部分，是福利彩票公益属性的重要体现，是国家公益彩票定位的重要依据。彩票公益金包括两部分：一部分是按照国家规定的比例从彩票销售取得的资金中提取的一部分资金，不同的彩票品种、彩票游戏的公益金提取比例不同，最低不得低于20%；一部分是逾期未兑奖的奖金。

根据国务院批准的彩票公益金分配政策，彩票公益金在中央和地方之间按各50%的比例分配，专项用于社会福利、体育等社会公益事业。其中，中央集中彩票公益金在全国社会保障基金、中央专项彩票公益金、民政部和体育总局之间分别按60%、30%、5%和5%的比例分配。一般分配到民政部门支配使用的部分属于福利彩票公益金，分配到体育部门的部分属于体育彩票公益金。

深圳福利彩票中心自1987年成立以来，截至2021年底，福利彩票销量累计458.98亿元，募集公益金139.67亿元，在深圳市资助了2000多个社会福利和社会公益事业项目，持续为本区域养老服务、残疾人康复、孤儿救助、困难群众帮扶等社会福利和公益事业提供有力支持，为发展社会福利事业、公益慈善事业作出了积极贡献。

根据深圳体育彩票中心官方网站的数据，截至2023年2月，体彩公益金已筹集153.89亿元，主要用于资助各类体育健身设施建设和群众性体育、竞技性体育，为促进深圳市体育事业发展和公益事业发展提供了有力的资金支持。

（2）培育社区慈善力量，引导公益慈善资金投入社区服务

社区基金（会）是社区公益的资金池和枢纽，2008年，首个真正意义上的社区基金会在深圳诞生；2014年3月，为充分发挥社区基金会在拓宽慈善资源渠道、健全社区公共服务体系、改善社区民生和公共福利、提升社区自治和社会治理水平等方面的作用，

深圳出台《深圳市社区基金会培育发展工作暂行办法》，开创了全国社区基金会制度化的先河，催生了一批政府倡导型的社区基金会，探索发展社区基金会。社区基金会秉持"本土资源、本土方案、解决本土问题"的原则，以非公募的方式在本社区范围筹集资金、汇聚社区慈善力量，以项目化方式帮助有需要的群体，拓展社会力量和社区居民参与社区治理渠道，有效助推社区治理模式的创新。深圳市目前有 30 余个正式注册的社区基金会，并有近 40 个社区冠名基金，虽然大部分社区基金（会）的生存状况堪忧，但还是进一步充实了社区服务资金池，而且由于其灵活性，往往能更快速和高效地回应一些社区危急问题，与财政资金形成互补关系。当然，除了社区基金会，深圳还有其他区域型、企业型或议题型基金会，它们都对社区服务有不同程度的投入，由于较为零散，不在此处展开讲述。

总体而言，深圳社区服务的经费来源十分多元，整体体量也较为充足，能够在很大程度上满足社区居民复杂的多样化需求，也为社区服务朝专业化、社会化和现代化发展提供了先决的经济条件，为社区服务的有效推进保驾护航。

7.3 深圳的社区服务特色案例

7.3.1 地区发展模式视角：社区共建花园项目

1. 项目背景

深圳抢抓建设粤港澳大湾区和建设中国特色社会主义先行示范区"双区驱动"的重大历史发展机遇，努力创建社会主义现代化强国的城市范例。在城市文明典范、民生幸福标杆、可持续发展先锋等五大战略定位上，深圳亟须探索操作性强、具有创新性的项目，让公众广泛参与，凝聚市民共识，打造共商共建共治共享的社会治理格局。

对标国际一流，公众参与城市建设和管理是提升城市可持续发展的重要内容。社区共建花园作为城市绿色公共空间的一种形式，强调公众参与，倡导亲自然的城市健康生活，在发达国家越来越受到重视。深圳市立志打造世界著名花城，社区共建花园已确定为花城建设"八年成规模"的重要组成部分，为市民共享"花样生活"提供重要载体，是引导公众参与城市建设管理的创新模式。另外，深圳市绿色空间发展不均衡、邻里关系淡漠、公众参与不足，急切需要以新的视角和方式来构建社区关系网络，塑造多元互动、共治共建的和谐社区。因此，自带社区发展模式视角的社区共建花园应运而生。

社区共建花园是以社区公共绿色空间为载体，调动专业力量、社会组织、社区居民等积极因素，社区居民以共商、共建、共治、共享方式进行园艺活动和社区环境提升的场地。同时也是在不改变现有绿地空间属性的前提下，提升社区居民参与性、优化景观与生态环境、构建社区和谐人际关系，进而促进社区营造与社区共治的城市提升项目。①

2. 具体做法

2019年，深圳市城市管理和综合执法局启动"共建花园计划"，选取街道边角地或小区闲置绿地，由企业、社会组织和社区居民等多方力量合作，打造出一个个家门口的美丽花园，许多市民也因此成为赏花弄草的园长或园丁，享受着都市里的田园生活。截至2022年4月，深圳市各区已建成240个共建花园，并且计划建成超过3000个社区共建花园。各共建单位的具体分工见表7.2。

表7.2 各共建单位的具体分工

单位	分工
市城市管理和综合执法局	① 支持推动全市社区共建花园建设工作，制定建设计划。 ② 传播社区共建花园建设理念，开展培训指导。 ③ 组织对各区开展社区共建花园建设工作情况进行评价，评选优秀社区共建花园及社区共建花园大使
区城市管理和综合执法局	① 支持推动本区社区共建花园的建设工作，为本区社区共建花园建设的选址提供建议。 ② 牵头组建社区共建花园的建设运营团队。 ③ 提供资金、政策等支持，开展指导培训
街道办事处、社区工作站等单位	① 协调各方对花园用地达成共识，组织居民参与花园建设与维护。 ② 监督、落实运营维护方案或计划，确保花园可持续。 ③ 提供资金、物资等支持
学校、企业、事业单位等	① 组织学生、员工、职工参与花园建设与维护。 ② 提供资金、物资或场地等支持
建设运营团队	① 开展民意调查，制定实施方案，按方案开展花园建设。 ② 组建维护团队，制定并落实好维护管理办法，使花园能可持续运维。 ③ 向参与方公开资金使用情况
公益组织	① 开展资金募集。 ② 作为运营团队重要参与方，开展宣传、培训和指导。 ③ 将志愿者纳入义工管理，统计确认义工时长
居民	① 以志愿者身份参与花园建设。 ② 提供资金、物资、场地、人力、技术专长等支持

在上述多方分工参与下，"共建花园计划"各方按特定的流程开展配合，如图7.1所示。

---

① 《美丽深圳社区共建花园工作手册》（深城管〔2020〕104号）。

| 筹备阶段 | → | 建设阶段 | → | 运维阶段 |

☑ 制订计划 　　　关键词　[共商]　[共建]　　　关键词　[共治]　[共享]

☑ 确定共建单位

[调研记录] ⇒ 问卷调查

┌─────────────┐
│ 园艺维护 │
└─────────────┘
组织志愿者定期对花园进行维护，
包括浇水、补种植物、修剪植物等

☑ 确定建造运营机构

[商讨设计] ⇒ 设计工作坊

┌─────────────┐
│ 志愿者管理 │
└─────────────┘
培训、维护现有志愿者，招募新志愿者

☑ 筹备资金

┌─────────────┐
│ 花园运营 │
└─────────────┘

☑ 花园选址

[合作建造] ⇒ 建造工作坊

定期举办种植体验、自然观察、植物铭
牌DIY等活动

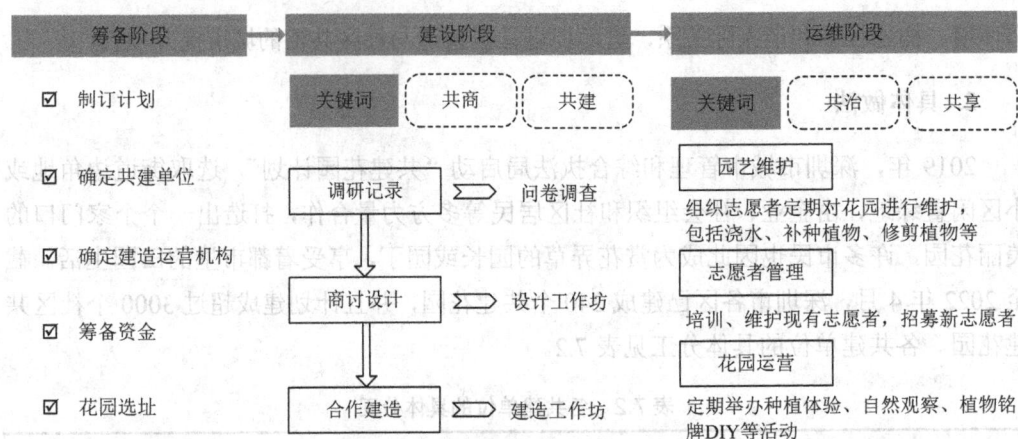

图 7.1 "共建花园计划"流程

3. 项目成效

社区共建花园真正践行"打造共建共治共享基层治理格局"以及"绿色生态、可持续发展"的理念，由政府搭台，企业、专业机构、社会组织、居民等多元主体参与。项目因地制宜，结合社区、校园、公园、街角等城市空间的特点，打造出社区友好、儿童友好、环境友好的共建花园，让身边的边角绿地变身成一个个美丽的花园，提升城市环境品质，让市民充分共享身边的绿色福利。

4. 经验启示

社区共建花园是一种强调公众参与的城市绿色公共空间形式，通过共商、共建、共治的社区治理创新建设运营方式，让社区居民变为社区共建花园的主人。社区共建花园项目先发动居民在社区内挑选小范围的疏于管理的公共绿地，再组织居民共议花园设计的想法和方案，并由政府提供苗木、技术、设施等支持，让居民有机会在自家小区就能享受都市种植的乐趣。

在社区的多元群体共融方面，社区共建花园用"共建"作为情感联结，搭建起以种植活动为纽带的邻里关系，同时引导公众参与城市建设管理，形成社区营造与社区治理的创新模式。这一做法，全面而具体地体现了地区发展模式中的"提供服务和链接资源、构建邻里关系网络、促进居民交流沟通、进行社区教育"的实施策略。

7.3.2 社区资产为本视角："应急第一响应人"项目

1. 项目背景

为普及应急救援和防灾减灾知识，提高市民群众应急处置能力和社会动员能力，在突发事件第一时间快速有效响应，减少灾害事故造成的人员伤亡和财产损失，从 2017

年开始，在深圳的社区服务和民生实事中，急救设备的配置与铺设、居民急救与应急能力的培养与增强逐渐成为一个重要的领域。2017年，深圳市开始"公众除颤计划"，深圳狮子会与小黄人应急救护中心联合发起"救在你身边"公益项目。2019年，中国平安和深圳市公共安全技术研究院、深圳市安全义工联、深圳市志愿服务基金会共同发起"平安守护者行动"。2022年，深圳市政府将"应急第一响应人"培训列为年度"十大民生实事"之一，并于7月正式启动相关的人才培训。

2. 具体做法

深圳市"应急第一响应人"是在专业应急救援队伍之前先到达灾害、事故等突发事件现场，开展现场疏导、自救互救、信息收集上报等初期就近应急处置工作的志愿者，是基层应急救援队伍的重要辅助力量。

从社会资产为本的视角来看，"应急第一响应人"项目其实涵盖了两条资产为本的服务介入策略：一是充分发掘社区内的应急资源设施的有效使用，以这些设施资源为基础，结合应急设施资源能应对的各类紧急情况，设计出相应的教学课程，让"死"的物与"活"的人配合起来；二是通过"应急第一响应人"的教学，形成一定数量的应急响应服务队伍，为社区提供充足数量的应急处理服务人力资源。

在发掘现有应急响应设备资源的使用潜力方面，"应急第一响应人"建立起了一套全面的培训课程，包含防灾减灾基础知识、应急避难与现场疏散、突发事件信息收集与上报、事故基础知识及应对、消防安全与火灾应对、灾后初期搜索与营救、应急救护等七大板块内容。培训课程注重提高学员对事故、灾害等突发事件的应急处置能力，不局限于救援和急救知识。培训采用线上理论培训和线下实操培训相结合的教学模式，学员参加培训并通过严格、统一的考核后，方可成为"应急第一响应人"。

在发掘社会潜在应急响应服务社会资产方面，深圳发动多元力量开展共治共建，如协同团市委、市保安公司、美团公司等多元力量，利用志愿服务U站等打造市民群众身边的应急便民服务站，实现人员、物资、专业设备等资源的下沉和多点覆盖。深圳还针对"应急第一响应人"引入志愿者管理机制，作为对突发事件进行先期应急处置的志愿者，由市公共安全义工联进行统一管理，逐步发展和壮大"应急第一响应人"志愿者队伍，同时推动队伍规范化建设。

为了进一步提升响应速度、救援效率，深圳市应急管理局开发建设"应急第一响应人"指挥调度系统，设置点位分布、突发事件上报、现场处置、指挥调度等功能，通过信息化手段将人、事件、应急装备等要素有机结合起来，实现"第一时间、第一现场、第一响应、第一救援"的应急处置效果。

按计划，深圳市到2024年底，全市累计培训考核人数不少于3万名，实现全市平均每平方公里、平均每万人有不少于15名"应急第一响应人"，基本建成覆盖全市各重点行业领域、重点场所以及街道、社区的"应急第一响应人"网络体系。

3. 项目成效

深圳是全国率先普及"第一响应人"应急救护证书培训的先行先试城市之一。截至2023年8月，深圳全市共有43 397台自动体外除颤器（automated external defibrillator，AED），覆盖率位居全国第一。这些公共场所的AED已助力救治71人。①深圳市急救中心、深圳市各类专业应急救护机构累计向社区居民提供应急救护专项培训超百万次，深圳市居民应急救护知识普及率远高于全国平均水平。2022年，深圳"应急第一响应人"线上课程累计参加培训778 220人次，线上考核通过19 285人，10 538人参加线下实操培训并通过实操考核，覆盖全市住宅小区、社区、大型商场、农贸市场、高层建筑、学校等重点场所，为市民群众提供有力的安全保障。②

"应急第一响应人"机制是城市防灾减灾、降低安全事故损失的一大"利器"。从某种意义上讲，这种深入城市"毛细血管"的"应急第一响应人"越多，市民越有安全感，因灾或者因事故造成的损失也会越低。从这个角度来说，深圳为此投入大量的资金和人力来培训考核"应急第一响应人"，不仅大大提升了基层应急服务能力，更提升了城市品质和温度。

4. 经验启示

要想更好地发挥"应急第一响应人"的安全保障作用，必须做好以下三点。

首先，做好现有社会资产的深度资源整合和使用潜力深掘，包括财政投入、技能培训、监督管理等方面。这其实也是一个知识管理的环节，而应急响应的方法、经验等方面的知识本身也是社会资产的组成部分。

其次，"应急第一响应人"的应急能力要过硬，不仅要具备相应的理论知识，更需要积累大量的应急经验。经常进行实战演练、实战观摩是提升他们应急响应能力的必要安排。这个过程其实就是"应急响应知识"的有效投入并产生社会效益的过程，是培养社会服务人力资本的过程。

最后，"应急第一响应人"也要成为"应急第一责任人"，不仅要在平时做好安全预防工作，如向辖区居民普及安全知识，更要在事发时敢于直面各种危险情况，沉着冷静、高效有力地参与组织应急处置。这个过程是社会资本"投资"进入应急响应服务后所需要产生的社会效益的"利润回收"环节。

上述三点其实就是一个考量现有社会资本如何进入服务市场，通过合理的资本运作产生社会价值增值，进而进一步获得长久社会收益的服务规划过程。

---

① 今天，聊聊四万个"救命恩人"[EB/OL].（2023-09-09）[2023-09-12]. https://m.thepaper.cn/newsDetail_forward_24549400.

② 深圳市应急管理局，2023. 2023年深圳"应急第一响应人"工作会议召开[EB/OL].（2023-05-13）[2023-05-13]. https://www.mem.gov.cn/xw/gdyj/202305/t20230513_450422.shtml.

7.3.3 社会策划模式视角：社会心理服务体系建设项目

1. 项目背景

党的二十大报告明确指出，"推进健康中国建设"，"把保障人民健康放在优先发展的战略位置，完善人民健康促进政策"，"重视心理健康和精神卫生"。深圳作为社会心理服务体系建设国家试点城市，从 2019 年开始三年期试点，探索建立社会心理疏导和心理危机干预有效模式。既为试点，即有政策文件要求，要在一定时间内达成一定的成效，因此政府大多会通过设计理性的、精心的计划来解决相关的实质性问题，并在设计的过程中，邀请专业人员以专家的身份来分析、判断问题以及提供意见建议，从而保证为居民提供有效的服务，解决实际社会问题。另外，为了保证效率和成效，往往采用从上而下、统一部署的形式。以上做法与社会策划模式的特征高度吻合，因此此项目可以从社会策划模式视角来分析。

2. 具体做法

采取自上而下、统一部署、逐步推进的策略，深圳市要求：各级社会救助管理机构、儿童福利机构、养老机构设立面向民政服务对象的心理咨询服务室或社会工作室；建设一支由社区工作者、社会工作师、心理咨询师、志愿者、有关社会组织从业人员等多方联动的心理健康人才队伍，民政心理危机干预和心理援助动态响应模式基本形成；建立一批心理健康实践服务教学基地，建立健全民政部门心理健康服务网络与平台；培育和引导社会组织参与心理健康科普宣传、心理疏导等服务，培育一批以心理健康服务为工作重点的社会组织，引导和支持行业组织加强能力建设。

在社会心理服务体系的实际搭建中，落地的具体措施如下。

一是建立全市统一的社会心理服务平台，联动企事业单位、社区、街道、工会、共青团、妇联、红十字会等组织，并且通过政府服务项目采购及项目扶持的方式链接起团体协会、慈善机构、义工团队等单位和组织，建立从日常心理服务应急备灾、突发事件应急心理救援到事后心理安抚三个方面的社会心理服务预案体系。

二是依托街道综治中心、社区党群服务中心、社区健康服务中心等平台设立心理服务站点，建构由街道心理服务站、社区心理服务室、一类社区健康中心心理咨询室构成的多层级心理健康工作网络阵地。

三是联动精神科医生、心理咨询师、社会工作师等专业服务人才，并启动基层社区工作者的心理服务能力培训，形成专兼结合的社会心理服务队伍。通过多元化的服务队伍在基层一线开展心理健康知识普及教育、心理问题筛查、心理咨询和疏导等服务，同时协助精神卫生医疗单位做好精神障碍人员的社区监管和社区康复等工作。

3. 项目成效

深圳市于 2019 年 7 月正式启动社会心理服务体系建设试点工作，已经建成由 1 个市级综治中心、10 个区级综治中心、74 个街道综治中心、659 个社区综治中心组成的社会治理网格化平台，实现了宣传、综治、发展改革、教育等 22 个部门在社会心理服务体系管理网格中的协调统一、分工合作；深圳 74 个街道全部设立心理服务站，665 个社区心理服务室设置率达 99%，139 家一类社区康护全部设立心理咨询室，890 所中小学心理辅导室覆盖率达 100%。①基于上述整体投入，深圳逐步建成由街道心理服务站、社区心理服务室、一类社区健康中心心理咨询室构成的"区—街道—社区"三级社会心理服务工作网络。②可以说，较为完整的社会心理服务体系在保障全体深圳市民心理健康、减少身心疾病、维护社会稳定、促进基层治理现代化等方面发挥了重要而不可替代的作用。

4. 经验启示

社会策划模式设计服务，需要建立在一定的人、财、物的支持基础之上，统筹和整合已有资源，针对问题解决或需求满足去规划相应服务，进而自上而下地推行介入服务，这对于一线的社区服务团队来说是一种相对理想的状态。社会心理服务体系建设项目的推进，其过程就是通过专业人员对社区、街道居民的心理问题情况进行整体把控，针对心理类服务的规范性需求情况设计出社会服务架构。在社会策划模式视角下，通过专业人士对资源与需求的精准把控，社会心理服务体系建设项目得以分层级对大众心理问题进行从普适服务到精准干预的全面关注。另外，社会策划模式下的社会服务项目，往往在资源的整合和供给、服务的推进落实、整体的成效方面更可控。

7.3.4 社区照顾模式视角：街道残疾人综合（职业）康复中心项目

1. 项目背景

深圳市各区立足辖区情况和残疾人服务需要，秉着就近服务的原则，全面铺开建设街道一级的残疾人综合（职业）康复服务中心（以下简称"职康中心"）。各区各街道通过购买职康中心社工服务项目，调动全社会资源和力量，满足残疾人多层次、个性化、类别化服务需求。职康中心担负着为辖区内的残疾人提供安全、温馨、舒适日间各类托管照料和康复服务的职责，是落实残疾人一线服务的一个前沿阵地（图 7.2）。

---

① 马俊军，王贞贞，2022. 打造社会心理服务体系"深圳样板"[EB/OL]. （2022-08-09）[2023-09-07]. http://www.szass. com/index/null/content/post_831125.html.

② 同①。

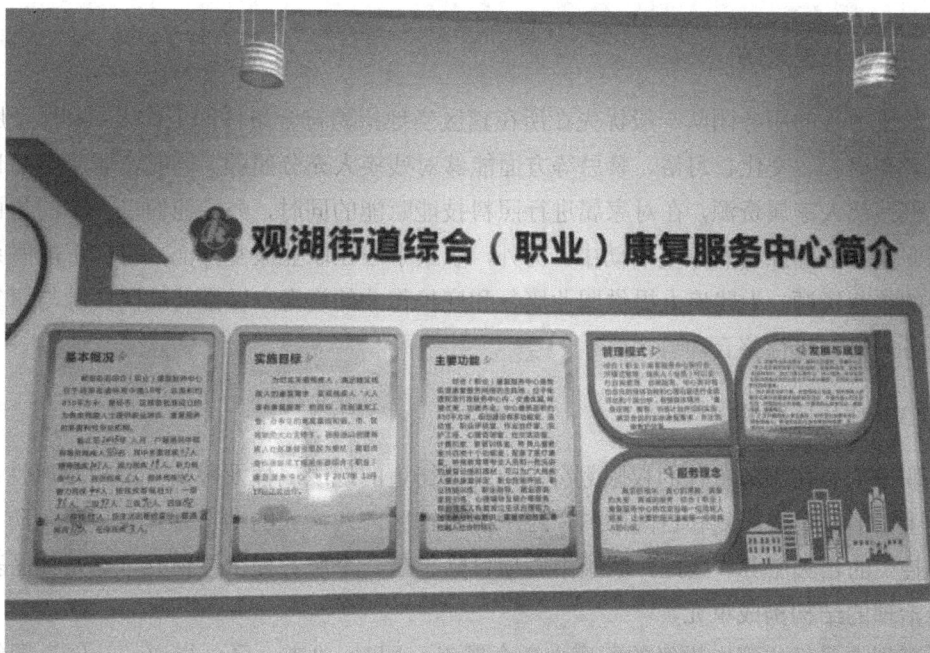

图 7.2　观湖街道综合（职业）康复服务中心简介

2. 具体做法

社区照顾工作模式，是在不脱离社区生活系统的前提下，整合由各方成员组成的非正式网络与各种正式社会服务系统，在社区内为需要照顾的人士提供服务与支持，促成其社区内也能过正常的生活。

职康中心是在社区内为需要托管或照料的残疾人提供一个不脱离家庭生活及社交圈子的服务场所，同时配以各类康复训练、职业训练、庇护工厂等服务，给社区残疾人以全面的生活和康复支持。具体操作方式如下。

（1）在社区照顾

职康中心的选址一般在街道辖区内居民集中居住区域，并且在服务基础建设上围绕综合康复和日间照料两大功能展开，结合辖区残疾人康复特点和实际需求，设立社区康复服务（建档、职业或社交康复训练、工疗、娱疗等）、家庭服务（居家无障碍、居家康复服务、康复和辅具知识普及等）、综合康复训练服务（评估测评、肢体训练、作业训练、言语训练、日常生活训练、康复训练营、个案分析评价会、康复技术培训督导、康复救助等）、辅助器具服务（辅助器具评估、训练、适配、体验，辅具知识宣导等）等多类型服务。在这样的一站式服务体系保障下，辖区内的残疾人可以就近获得照顾和康复的服务支持，尽可能地缩减获取服务所需的活动半径，同时也能保障残疾人的照料与康复能够与社区生活的实际情况同步。

（2）由社区照顾

职康中心的服务团队一般优先在所在辖区当地招聘符合条件的工作人员，保证服务提供者在语言、文化、习俗、禁忌等方面能够对残疾人充分照顾。同时，职康中心也注重发掘残疾人家属资源，在对家属进行照料技能赋能的同时，鼓励他们以义工的角色参与到职康中心的照料和康复活动中。另外，职康中心在职业康复方面，也尽可能联系辖区内的企业资源，为残疾人提供职业康复和庇护作业的资源，以推动社区资源与康复照料服务的最大良性整合。

（3）对社区照顾

职康中心在服务责任的权限划分上，强调街道的地缘属性及残疾人的户籍属性；在功能上，不仅负责康复和日间照料，还承担着辖区内残疾人的动态管理及残疾预防"三级防控"的相关服务。因此，职康中心项目除了是一个服务提供主体外，更是社区基层社会治理的结构构成单元。

深圳市已经实现街道级的职康中心全覆盖，同时，"市—区—街道—社区"四级网格化残疾人服务机制，不但能够结合街道和社区的实际情况进行服务精准投放，而且能够充分贯彻"因地制宜、因势利导"的残障服务原则，提升残障人士的社会适应能力，倡导残障人士的社区参与，促进残障人士的社区融合。

3. 项目成效

深圳已经实现全市范围内的职康中心全覆盖，为所在辖区内的残疾人提供多元化服务。

（1）开展日间照料服务，解决家庭后顾之忧

为 18 岁以上智力、精神和其他重度残疾人提供生活照顾、生活能力训练、休闲娱乐、午间休息等日间托养服务，使社区内生活不能完全自理、需要一定照料的残疾人享受"白天入托接受照顾，晚上回家享受家庭生活"的社区托养服务新模式。

（2）开展辅助性生产劳动，提高社会适应能力

为法定劳动年龄内，残疾程度较重、适应能力较弱，难以通过一般方式和途径实现就业的中重度残疾人，提供配件加工、包装、手工艺品制作等简单易行的庇护性生产劳动。在生产劳动中融会康复训练，提高残疾人的社会适应能力。

（3）与社会力量广泛交流

与机关、团体、企事业单位或社会组织建立结对帮扶机制，汇聚社会服务力量，为

残疾人提供多元化的服务，在残疾人非遗传承手工艺品制作、文化艺术展演和体育运动赛事上取得不俗成绩。此项目丰富了残疾人文化，展示了残疾人风采，得到市政府有关领导点赞和媒体的关注。

4. 经验启发

在职康中心的运营过程中，社区照顾模式的介入思维强调让受照顾者留在长期生活的环境，保持长期以来形成的人际网络，以保障受照顾者的生活境遇不因"需要照料"而导致太大的改变。同时，社区照顾模式也强调在社区残疾人服务中，要充分调动社区居民的互助意识，善于发掘、培育社区中的非正式照顾资源，通过服务对象的亲朋、家人、邻居和义工等多方的支持，实现社区照顾的目标。

7.3.5　增强权能视角：深圳市妇联"阳光妈妈"项目

1. 项目背景

深圳市妇联"阳光妈妈"项目是由深圳市妇联主办，针对深圳市内单亲困难母亲、失业妇女和遭遇特殊困难女性的生活困境，提供就业帮扶、心理支援、家庭支援、婚恋指导、素质教育等方面的服务。"阳光妈妈"服务项目于2007年启动，其中"阳光妈妈"灵活就业基地试点项目在福田、罗湖、南山3个区各选1个社区率先启动，后逐步向深圳各区推广。

2. 具体做法

（1）充能

"阳光妈妈"项目首先要扭转的，是处于困境中的妇女们的"弱者"标签，为此，项目通过"正能量学院"和"就业创业发展计划"来给"阳光妈妈"增强"能"。其中，"正能量学院"增强的是妇女内在的"能"，项目联合专业培训学校，开办电子商务导购、网上开店、文秘计算机、家政服务员（初级）、养老护理员、月嫂、美容师、营养配餐员等就业技能培训班，并为获得证书的学员搭建实习及就业平台；"就业创业发展计划"增强的是妇女对条件及机遇获得的"能"，项目联合市劳动就业服务中心、职业中介机构举办失业女性招聘会、创业项目推介会，并到企业开发一些适合"阳光妈妈"就业的岗位。

（2）赋权

"阳光妈妈"项目通过各类针对性的小组工作，帮助"阳光妈妈"建立朋辈支持系统，提升自我技能，教授处理家庭关系、亲子关系的方法与技巧；"心灵暖房——心理支援计划"提供一对一个案服务，缓解妇女的心理压力，与她们共同探讨如何走出困境；

培育"爱手艺"手工讲师团帮助"阳光妈妈"发挥自身的潜能与优势，用手艺缓解她们的经济压力；通过组织"阳光妈妈"专场招聘会，帮助求职妇女链接就业资源，提升自我职场价值，让"阳光妈妈"拥有突破困境的能力。另外，"阳光妈妈"项目还通过"爱的旅程——亲子体验营服务计划""定格爱——公益摄影活动"等项目服务单元，激发妇女的自我权能意识。对妇女意识的激发，既是让她们对自己有一个正面且全面的认识与接纳，同时也给她们改变自身社会角色定位的心理动力支持。

3. 项目成效

"阳光妈妈"项目联合全市基层妇联组织以及社区服务中心的力量，共同为全市单亲困难母亲、失业女性和遭遇特殊困难的女性提供就业帮扶、心理支援、家庭支援、婚恋指导和素质教育等方面的服务。项目服务覆盖全市"10+1"个行政区域，覆盖60多个基层社区，截至2021年11月，累计开展活动超1000场次，服务近14万人次。其中，在就业创业服务上，为上千名女性提供职业技能培训，促进500多名困难女性实现就业，助力成功孵化6个创业项目，促进增收近百万元，通过家庭支援服务，促进2000多名困境女性得到关爱、喘息，促进家庭关系和谐，总体服务满意率平均在94%及以上。①

4. 经验启发

增强权能理论视角下的社区介入，是要帮助妇女在权利、能力、资源、环境处境等方面实现由弱到强的转变。因此，在社区服务过程中，需要从被妇女自身所忽略的自我意识、社会地位、环境角色等方面入手，引导和陪伴她们醒觉自我意识以及挑战环境的压迫。

在增强权能的过程中，"阳光妈妈"项目通过推动"阳光妈妈"的改变动机及给予改变条件两个方向，协助她们主动去实现权能增加，以改变自身处境。同时，项目也通过妇女朋辈群体的建构，让她们在群体内自身形成推动改变的良性互惠社群环境，彼此成为推动权能增加的积极因素。

---

① 【深圳社联社工】阳光妈妈服务项目：助力困境女性成长，以阳光心态面对生活[EB/OL].（2021-11-29）[2023-09-07].
https://mp.weixin.qq.com/s?__biz=MzI5ODE3NTAyMg==&mid=2656661891&idx=3&sn=72f83f6679809079b34c39e88304ca1c
&chksm=f7040ec2c07387d49859a44085f2ff570d06ca27c4e21c4ae7601d12fa20e8a78a09d169f0d6&scene=27.

第8章 社区活动策划案例分享

　　社区活动的类型多样、内容丰富，既有常规的社区活动，也有基于社区特色策划的活动，深圳在十几年专业社会工作的发展历程中积淀了丰富的社区活动经验。2022年夏天，深圳第二职业技术学校和深圳经济特区社会工作学院联合发布征集通知，面向全深圳社会服务机构、社会工作者个人等征集优秀的社区活动策划案例作为教案，经两轮评审共计选出 34 个优秀案例。这些策划案例都是已经执行过的，从中不仅能看到整个策划的过程，还能看到社会工作者对活动的总结反思以及督导的评价，帮助读者更全面地了解某项活动的执行成效。

　　本章的教学案例共涉及七大领域，分别为常见节庆活动策划、社区亲子活动策划、社区青少年活动策划、社区老年人活动策划、社区志愿服务活动策划、社区议事活动策划、社区党群服务活动策划。每个领域都挑选一些较易操作、群众反响较佳的活动案例，系统地展示活动策划的所有元素。对于新手来说，很多活动策划方案可以成为开展活动的参考材料之一。由于优秀案例较多，每个领域仅精选一个案例加以介绍，其余案例可以通过登录科学出版社职教技术出版中心网站 www.abook.cn 查阅或下载。

🌐 实践学习目标

　　1. 了解深圳的社区活动策划的类型。

　　2. 了解深圳的常见社区活动策划方案的撰写方式和技巧。

　　3. 了解各类社区活动策划的组织流程。

8.1 常见节庆活动策划

节庆活动是在固定或不固定的日期内，以特定主题活动方式，约定俗成、世代相传的一种社会活动。我国节庆种类十分丰富，从时代来看，可分为传统节庆和现代节庆，如传统的中秋节、清明节、重阳节等，现代的三八妇女节、五一劳动节、六一儿童节、八一建军节等；从内容来看，可分为祭祀节庆、纪念节庆、庆贺节庆、社交游乐节庆等。个别地区或社区也会根据实际情况创造一些独有的节日，如深圳的社区邻里节、蛇口片区的蛇口无车日等，这些节庆能够成为凝聚社区居民、增加社区共同记忆的纽带和平台。

在评选出的 34 个优秀案例中，属于常见节庆活动的有"感恩邻里，守望相助"社区邻里节活动、"童心向党，共庆六一"趣味运动会、"党的故事我来画"社区六一儿童节彩绘 T 恤活动、"浓情端午，情暖夕阳"迎端午节活动、"我和我的祖国·筑梦新时代"社区青少年庆国庆活动、"学党史，知党恩，跟党走"社区"七一"建党节活动、绽放你的爱——母亲节亲子 DIY 康乃馨活动。以下介绍"感恩邻里，守望相助"社区邻里节活动策划方案。

"感恩邻里，守望相助"社区邻里节活动

1. 活动基本信息

时间：2019 年 9 月 8 日 15:00—17:00

地点：社区户外广场

服务对象：社区居民 150 人

人员安排：6 名工作人员，11 名义工

2. 活动背景及理论/理念

（1）活动背景

社区虽小，但连着千家万户，做好社区工作十分重要。2018 年 10 月 24 日，习近平总书记在深圳市龙华区民治街道北站社区视察时强调，要把更多资源、服务、管理放到社区，为居民提供精准化、精细化服务，切实把群众大大小小的事办好。要坚持依靠居民、依法有序组织居民群众参与社区治理，实现人人参与、人人尽力、人人共享。这为我们推进社区治理现代化指明了方向，提供了根本遵循。举办社区邻里节活动，就是要让邻里互助、关爱、感恩成为社区新风尚，让社区居民更多关心、支持和参与社区事务，为打造共建共治共享的社区治理新格局，建设中国特色社会主义先行示范区贡献力量。同时，丰富多彩的社区邻里节已经成为深圳一个弘扬传统美德、彰显社区特色、展示居民风采、促进居民交流的品牌项目，每年均开展，备受社区居民的关注和喜爱。基于以

上情况，社区拟在中秋节来临之际开展邻里节活动。

（2）理论

社会支持网络理论认为，个体所拥有的社会支持网络越强大，就能够越好地应对各种来自环境的挑战。社工[1]致力于帮助他们扩大社会网络资源，提高其利用社会网络的能力，通过组织举办相关的社区居民喜闻乐见、形式多样的文体活动，能够为邻里互动提供平台，丰富和扩大社区居民的社会支持网络，增进邻里感情，营造"团结、温馨、友善"的社区氛围。

（3）需求分析

社区需求调研显示，50%以上的居民认为社区需要开展互助支援服务，社工在过往服务中了解到很多居民希望多走出家庭，走进社区，扩大自己的社区邻里互动支持网络。社区邻里节正是一个较好回应此需求的活动，能够促进社区邻里关系，促进社区居民融合。

3. 活动目的及目标

（1）总体目标

通过邻里节搭建居民间互动交流和风采展示平台，增进邻里熟悉度和发展邻里关系，增强居民的社区归属感。

（2）具体目标

① 让80%以上参与居民体验邻里节的快乐气氛。
② 让80%以上参与居民在互动中增进邻里感情，获得邻里支持和帮助。

4. 活动流程设计

活动流程设计如表8.1所示。

表8.1 活动流程设计

序号	环节名称	具体活动内容	时长/分	所需物资	人员安排
1	活动准备，现场分工	布置场地、人员分工与安排	60	横幅、礼品物资	社工、全体义工
2	签到及规则说明	引导参与者签到并领取空白兑奖票，向参与者介绍规则：邻里节有众多游戏摊位，参与者可手持游戏卡前往各个摊位参与游戏，每成功完成1个游戏，即可获得1个印章，集齐3个以上印章，可到签到处领取纪念品一份	30	签到表、签字笔	社工+1名义工

---

① 本章的社工均指社区工作者。

序号	环节名称	具体活动内容	时长/分	所需物资	人员安排
3	游戏一：猜谜语	摊位悬挂有关中秋节及社会文明知识的灯谜，让社区居民参与猜灯谜。居民拿着谜面找到工作人员，回答正确获得 1 个印章	60	兑奖票、谜语条、印章	社工+2 名义工
4	游戏二：套圈圈	此游戏面向儿童、青少年，每人发放 3 个圈进行套圈圈游戏，套中道具后可获得 1 个印章	60	套圈圈道具	社工+2 名义工
5	游戏三：蒙眼互击	戴上眼罩在泡沫地垫上用空心泡沫棒敲击对象。通关其中 1 个游戏，即可获得 1 个印章	60	泡沫地垫、泡沫棒、印章	社工+2 名义工
6	游戏四：跳蚤市场	此游戏面向社区亲子家庭，提前报名的亲子家庭可在摊位上绘制自己的店铺名称，到相应摊位摆卖自己家的闲置品。居民通过游览并了解摊位内容即可获得 1 个印章	60	印章、海报笔	社工+2 名义工
7	游戏五：DIY	① DIY 月饼：居民参与 DIY 月饼，每个居民只能制作并带走一份月饼。 ② DIY 灯笼：居民参与 DIY 灯笼，每个居民只能制作并带走一个灯笼。 本游戏参与成功，即可获得 1 个印章	60	月饼 DIY 材料套装、灯笼 DIY 材料套装、拼图 2 幅	社工+2 名义工
8	活动兑奖	活动开始 15 分钟后，开始兑换环节，集齐 3 个以上印章的居民可凭印章到签到处兑换纪念品一份，活动结束前 10 分钟、前 5 分钟和活动结束，进行兑奖结束预告和说明	60	所有物资	全体工作人员
9	活动结束	拍照合影，义工留念，活动反馈，整理还原现场，返回中心	30	所有物资	全体工作人员

5. 活动筹备

活动筹备如表 8.2 所示。

表 8.2　活动筹备

序号	具体事项/物料	数量	负责人	截止时间
1	完成活动方案书的撰写和审阅	1 份	社工	2019 年 8 月 1 日
2	中心团队例会，通过方案流程和筹备细节，并明确活动分工和进度安排	1 份	社工	2019 年 8 月 10 日
3	购买活动装饰物料、宣传物料	30 份	社工	2019 年 8 月 20 日
4	购买活动游戏物料、手工道具	30 份	社工	2019 年 8 月 20 日
5	制作义工招募链接，发送至社区志愿者群进行宣传与招募，招募 11 名 16~60 岁义工	3 人	社工	2019 年 9 月 1 日

序号	具体事项/物料	数量	负责人	截止时间
6	制作跳蚤家庭招募链接，发送至社区居民群进行宣传与招募，招募亲子家庭	3人	社工	2019年9月1日
7	对照物资清单清点物资和设备	1份	社工	2019年9月5日
8	参与的社工和义工召开活动确认会议，进行流程和分工核对	1份	社工	2019年9月6日
9	制作活动海报，发送至社区居民群进行宣传，吸引社区居民来参加公益集市	1份	社工	2019年9月7日

6. 预计风险及应对措施

（1）天气原因，下雨或室外太晒

应对措施：提前通知参与者带伞防晒，若下雨则改期。

（2）活动现场安全问题

应对措施：活动开始前进行安全提示，活动现场由义工进行秩序引导。

（3）活动现场秩序问题

应对措施：需要做好场地路线设置和现场提醒，由义工进行秩序引导。

7. 活动经费预算

活动经费预算如表8.3所示。

表8.3　活动经费预算

序号	物资	单价/元	数量	小计/元	备注
1	横幅	100	1条	100	
2	矿泉水	40	4箱	160	
3	月饼DIY材料套装	10	150份	1 500	
4	灯笼DIY材料套装	10	150份	1 500	
5	猜谜材料	50	1套	50	
6	工作人员头饰	10	10个	100	
7	卡通水壶	50	15个	750	
8	笔	15	1盒	15	
9	相机	0	1个	0	工作站提供
10	摆卖摊位所需地毯	20	15个	300	
11	标签牌（店铺名称）	10	15个	150	

序号	物资	单价/元	数量	小计/元	备注
12	POP 手绘海报笔全套	80	1 套	80	
13	游戏区域道具	300	1 批	300	
14	展架	150	5 个	750	
16	游戏指引 KT 版	50	5 个	250	
17	幕布	0	1 个	0	工作站提供
合计				6 005	

8. 活动评估

活动评估如表 8.4 所示。

表 8.4　活动评估

评估内容		成效指标	评估方法及工具
目标达成情况评估	居民参加邻里节的感受	80%的参与者对活动给予正向评价，认为感受到了邻里节的欢乐	活动反馈表和口头访谈
	居民参加邻里节对邻里关系的促进作用	80%的参与者认为活动可以增进邻里感情和邻里氛围	活动反馈表和口头访谈
满意度		参与者整体满意度在 85%以上	活动反馈表
出席率		签到人数达到活动计划人数的 85%以上	签到表

9. 活动照片

略。

10. 活动总结与反思

本次活动前期筹备工作周全到位，活动按照预设流程进行，社工和义工之间的配合和默契度较高，且在每个环节中社区居民都积极踊跃参与，活动现场氛围特别好，顺利完成预定计划。通过现场观察、活动反馈表和随访可以看到：活动营造了良好的社区互助和邻里沟通氛围，增加了社区居民之间的交流互动，给社区居民带来正向的邻里体验和对社区的归属感。

今后开展此类活动，可以加强对资源和物资的筹措，增加活动的灵活空间；增加社区居民之间的横向互动交流环节设置；条件允许的情况下多增加社区居民对活动筹划的参与。

11. 督导评语

邻里节是一场社区居民互动交流的文化活动，重在以社区居民喜闻乐见、形式多样的文体活动为载体，为邻里互动提供平台，丰富和扩大居民的社会支持网络，展示社区温度与风采；活动对于社工的规划设计、节奏掌控、秩序安排、人力调动、资源整合等方面的能力都有较高的要求。

8.2　社区亲子活动策划

中国的文化，是以"家"为单位出发的文化，与西方以个体的"人"为单位出发的文化有一定的差别，所以在中国文化语境下，家庭是中国社会的基本细胞，做好和谐家庭工作十分重要。社区工作者常常会在社区开展各式各样的亲子活动，增加亲子互动的机会，促进孩子与父母的关系，和谐家庭关系。很多时候，家长带孩子参加活动是为了让孩子接触社会，锻炼其综合能力，所以会忽略自己的参与，认为自己只是一个陪同角色而已，参与感较弱。因此，亲子活动的设计一定要注重亲子之间的互动，尽可能设计游戏或任务等互动环节，让亲、子都参与其中，并且在总结分享环节也要注重亲、子双方的分享，不能仅听孩子的分享。

在评选出的 34 个优秀案例中，属于社区亲子活动的有"发现之美"亲子寻宝活动、"夏天印象"自然教育亲子拓展活动——父亲节专场、铁岗社区"小书房"家门口亲子读书小组、童趣空间——亲子游戏小组。以下介绍童趣空间——亲子游戏小组活动策划方案。

童趣空间——亲子游戏小组

1. 活动基本信息

活动名称：童趣空间——亲子游戏小组

日期及时间：2021 年 8 月 2 日—6 日 9:30—10:30

对象及人数：4 岁幼儿及家长

地点：东方社区老人活动中心二楼活动室

人员安排：2 名社工，1 名义工

2. 活动背景及理论/理念

（1）活动背景

社工在日常工作中发现，社区内针对幼儿的服务比较少，且社区内可提供给幼儿的游戏场所和空间也非常少，同时随着电子产品的普及，很多年轻的家长将更多的时间和精力放在网络游戏和刷短视频的快乐中，他们在玩电子产品的过程中为了让孩子安静下来，常常会将平板、手机等电子产品给孩子玩。研究表明，过早接触电子产品不仅对孩子的视力和身体发育有影响，而且缺乏适当的锻炼和游戏也会影响孩子的大脑发育及认知发展。另外，有些家长对儿童游戏和儿童早期教育缺乏正确的认识，认为儿童的早期教育和游戏引导只有专业的人士才能进行，从而以高昂的价格送孩子去早教中心接受"教育"，却不知道家长就是最好的游戏师和陪伴者，可以利用家里很多现有的材料跟孩子一起玩游戏，帮助孩子的认知发展和身体发育，让孩子从游戏中学会与他人合作，认识并认同成人的社会角色。

（2）理论

有些家长认为玩游戏是不务正业，只是儿童（或成人）用来娱乐的一种方式。但实际上，游戏对儿童的身体、智力的发展以及社会交往都很重要。根据瑞士心理学家皮亚杰（Piaget）的认知发展理论，游戏与儿童社会化密切相关，它是儿童以后能否成功地适应社会的关键所在。在游戏中，儿童不仅能获得一些粗浅的交往技能，更重要的是，通过游戏，儿童可以逐渐地解除自我中心，学会与他人合作，学会关心他人，认识并认同成人的社会角色，发展道德责任感，从而培养、提高社会适应能力。

我们希望通过小组游戏改变社区家长对游戏的认识，并在小组中认识了解游戏对儿童发展的重要性及作用。

（3）需求分析

儿童有游戏的需要，他们需要通过游戏与他人进行联结，建立关系，理解主体与客体沟通之间的区别。在儿童时期没有建立起与客体之间的正向关系，到了学龄期，他们还会停留在幼儿期以自我为中心的状态中，不能很好地理解人与人之间的关系，不能与他人建立良好的互动关系。

很多家长对陪伴孩子玩游戏存在误解，认为需要有特定的场地和道具，因此，家长很有必要学习如何与孩子进行亲子游戏。实际上，儿童亲子游戏可以就地取材、因地制宜，不受时间、地点和物料的限制，可随时进行。

3. 活动目的及目标

（1）总体目标

通过小组游戏，让家长认识到游戏对儿童成长发展的重要性并愿意在日常生活中跟孩子一起玩游戏。

（2）具体目标

① 通过小组游戏示范及玩耍，90%的家长在小组游戏中可以学习到如何利用家里现有的材料开展游戏活动。
② 通过小组活动让家长学会至少 2 种亲子游戏的方法。

4. 前期筹备

前期筹备包括人、财、事、物、宣传招募等方面事项的筹备，如表 8.5 所示。

表 8.5 前期筹备

序号	具体事项/物料		数量	负责人	截止时间
1	召开小组筹备会、分工会		1 次	社工	7 月 26 日
2	人员招募		6 对亲子	社工	7 月 27 日
3	方案撰写		1 份	社工	7 月 27 日
4	物资购买	笑脸魔方	2 套	社工	7 月 27 日
		彩色圈圈	10 个		
		轨迹游戏卡	1 套		
		乒乓球	6 个		

5. 活动流程

活动流程如表 8.6 所示。

表 8.6 活动流程

序号	环节名称	具体活动内容		时长/分	所需物资	人员安排
		目的	内容			
1	第一节	互相认识	社工自我介绍 6 对亲子自我介绍 小组规则介绍	10	扩音器 1 部	社工 1+社工 2
	第二节	激发儿童的发散思维	环节 1：纸杯的作用 ① 具体操作：让每个家庭说出纸杯的用途 ② 分享引导要点：大家见过纸杯吗？想想看它有什么作用？	5	纸杯	社工 1+义工
	第三节	培养孩子的专注力之手部控制力	环节 2：叠杯——建立高塔和金字塔 ① 具体操作：每对亲子分到 10 个杯子，并将杯子搭起来，看看最高能搭多高；搭好后迅速收杯，让孩子快速叠成金字塔结构。 ② 分享引导要点：你们是怎么做到的？你们运用了哪些智慧和力量？	20	纸杯	社工 1+义工

序号	环节名称	具体活动内容		时长/分	所需物资	人员安排
		目的	内容			
1	第四节	培养孩子的专注力之手部控制力	环节3：射击 ① 具体操作：用乒乓球击落金字塔，要让所有的杯子都倒下。 ② 分享引导要点：你们是怎么做到的？你们运用了哪些智慧和力量？	10	纸杯+乒乓球	社工1+社工2+义工
	第五节	强化小组活动成果及预告下节内容	小结与预告： 针对儿童：这个小组活动的哪个环节最让你有成就感？ 针对家长：这个小组活动，你看到了什么？你觉得对孩子有哪些帮助？ 预告下一次小组活动时间	15		社工1
2	第一节	加强小组活动内容的回顾	回顾小组活动规则和上一节小组活动内容	10	扩音器1部	社工1
	第二节	增强儿童身体各个部分与大脑的协调和配合	环节1：保护鸡蛋 ① 具体操作：把乒乓球放在书本上，让孩子和家长用手共同抬着从起点走到终点。看情况可以适当增加路线难度。 ② 分享引导要点：大家觉得难吗？你是怎么做到让球不落地的？家长们有什么感受？	20	6个乒乓球 6本书	社工1+社工2+义工
			环节2：球行千里 ① 具体操作：6对亲子每个人手上拿一张A4纸，1对亲子为一组。将乒乓球连续传动（滚动）到下一个人的A4纸上，并迅速地排到队伍的末端，继续传送前方组员传来的球，直到球安全地到达指定的目的地为止。 ② 分享引导要点：大家觉得难吗？你是怎么做到让球不落地的？家长们有什么感受？	20	12张A4纸 6个乒乓球	社工1+社工2+义工
	第三节	强化小组活动成果	小结与预告： 针对儿童：这个小组活动的哪个环节最让你有成就感？ 针对家长：这个小组活动，你看到了什么？你觉得对孩子有哪些帮助？ 预告下一次小组活动时间	10	扩音器1部	社工1

序号	环节名称	具体活动内容		时长/分	所需物资	人员安排
		目的	内容			
3	第一节	加强小组活动内容的回顾	回顾小组活动规则和上一节小组活动内容	10	扩音器1部	社工1
	第二节	锻炼孩子对颜色的辨认和认知力	环节1：彩虹球分类 具体操作：将彩虹球进行分类，将相同颜色的彩虹球放在一起	20	彩虹球	社工1+社工2
	第三节	锻炼孩子的反应能力之手眼协调控制力	环节2：彩虹球大作战 ① 具体操作：孩子和家长分为两组，孩子们拿球砸家长，砸中一次积一分，看哪个小朋友积分最多。 ② 分享引导要点：大家觉得难吗？你是怎么做到瞄准的？家长们有什么感受？ 时间够的话玩套圈圈游戏，小孩子套家长，家长套孩子。	20	彩虹球	社工1+社工2
	第四节	强化小组活动成果	小结与预告： 儿童：这个小组活动的哪个环节最让你有成就感？ 家长：这个小组活动，你看到了什么？你觉得对孩子有哪些帮助？ 预告下一次小组活动时间	10	扩音器1部	社工1
4	第一节	加强小组活动内容的回顾	回顾小组活动规则和上一节小组活动内容	10	扩音器1部	社工1
	第二节	锻炼孩子的观察力和认知力	环节1：笑脸魔方 具体操作：根据图示拼出相应的笑脸	20	笑脸魔方	社工1+社工2
	第三节	锻炼孩子的手眼协调控制力	环节2：左右脑开发 ① 具体操作：孩子拿着瓶盖按既定的轨迹移动；在A4纸上摆放不同的东西让孩子描绘轨迹。 ② 分享引导要点：大家觉得难吗？你是怎么做到又快又好的？你遇到困难了吗？你是怎么解决的？	20	瓶盖	社工1+社工2
	第四节	强化小组活动成果	小结与预告： 针对儿童：这个小组活动的哪个环节最让你有成就感？ 针对家长：这个小组活动，你看到了什么？你觉得对孩子有哪些帮助？ 预告下一次小组活动时间	10	扩音器1部	社工1
5	第一节	巩固小组活动成果，加强家长对亲子游戏的认识与理解	回顾小组活动开展情况	15	扩音器1部	社工1
	第二节		社工通过PPT向家长讲述为什么要带孩子玩游戏、日常的游戏不是玩物丧志	10	投影PPT	社工1

序号	环节名称	具体活动内容		时长/分	所需物资	人员安排
		目的	内容			
5	第三节	巩固小组活动成果，加强家长对亲子游戏的认识与理解	孩子需要发展的社会能力：与父母安全的依恋关系、与他人建立互动的能力、语言表达能力、大运动和精细动作能力	30	投影 PPT	社工 1+社工 2
	第四节		小组活动总结、告别	5	扩音器 1 部	社工 1

6. 预计风险及应对措施

预计风险及应对措施如表 8.7 所示。

表 8.7　预计风险及应对措施

预计风险	应对措施
游戏过程中的安全问题	做好安全注意事项提醒，购买意外险
小组活动未能按计划开展	根据现场情况做调整

7. 活动经费预算

活动经费预算如表 8.8 所示。

表 8.8　活动经费预算

序号	物资	数量	单价/元	小计/元	备注
1	手机	1 部	0	0	已整合
2	纸杯	2 包	15	30	未整合，网络采购
3	笑脸魔方	2 套	28	56	未整合，网络采购
4	彩色圈圈	10 个	2.037	20.37	未整合，网络采购
5	轨迹游戏卡	1 套	32.08	32.08	未整合，网络采购
6	乒乓球	6 个	2	12	未整合，网络采购
	合计			150.45	

8. 活动评估

活动评估如表 8.9 所示。

表 8.9　活动评估

	评估内容	成效指标	评估方法及工具
目标达成情况评估	在小组过程中家长愿意和孩子一起玩游戏	参与率达 90%	社工的观察记录
	在小组结束后，家长愿意就地取材跟孩子一起玩游戏	80%的家长可以做到	社工的跟踪记录
	家长学会亲子游戏方法	至少学会 2 种亲子游戏方法	社工的统计记录
	满意度	90%以上	满意度调查表
	出席率	80%	签到表

9. 活动照片

略。

10. 活动总结与反思

小组成员的出席率都达到 100%，一方面是因为这个活动对家长有吸引力，另一方面是因为在交流的过程中，家长也反馈小组游戏打破了他们以往对跟儿童一起做游戏的刻板印象和固有观念，认识到儿童需要游戏，游戏是儿童成长发展中必不可少的重要组成部分。

在开展小组游戏的过程中，社工的目标是让孩子和家长体验到游戏的乐趣与作用，这种情况颠覆了一些家长传统的教育观念。例如，家长要求孩子要安静地坐着，但是孩子喜欢在地上打滚，社工不会刻意制止；有一些家长也意识到了自己跟孩子的相处和沟通方式是需要改进的，如面对孩子大哭时，她们通常是立刻满足孩子的要求或把孩子赶到门外，这些做法其实并没有解决她们和孩子的沟通困扰。在这个过程中，社工和其他家长给予这类家长相当多的支持，让她们在孩子哭泣的时候有更多科学、有效的应对方法，而不必急于试图快速地为了让孩子停止哭泣而采用过激的方法来对待孩子，应该对孩子多一些耐心。

这一次带孩子来参加的有三个奶奶，其中一个奶奶就像母鸡保护小鸡一样保护她的孙子，这个小朋友比较少跟其他小朋友一起玩，在社工提到一些情况的时候，奶奶就会解释孩子在家不是这样的，可以看出奶奶其实特别想保护孙子，觉得自己的孙子特别好。在现实生活中有非常多类似的情况，爷爷奶奶怎么看都觉得自家孙子好，而忽略了孩子在语言、社交方面的发展，错过了孩子发展的敏感期。

在开展游戏的过程中，有一些孩子不想跟随，社工也会给他们足够的自由选择的空间，等他们觉得合适的时候再加入团体活动中。同时，面对需要过多关注的孩子，社工也不会忽略其他孩子而仅仅满足他们，让他们感受到自己的特殊行为（如哭泣）不会得到特殊对待，这样他们的行为也会慢慢减少甚至停止。

11. 督导评语

通过亲子游戏的方式改变家长对游戏的认识，让家长意识到游戏对孩子成长发展的重要性，在日常生活中有些小小的举动也会对孩子非常有益。社工在开展幼儿亲子游戏中也要注意家长不是旁观者，而是参与者。

8.3 社区青少年活动策划

青少年是家庭的希望、祖国的花朵和民族的未来，处于从不成熟转向成熟发展阶段的他们，正经历着人生最关键的时期，面临着一系列挑战和难题，如学业困难、人际交往障碍、偏差失范行为、自我辨识不清等。因此，秉持专业理念和价值、运用专业技能与方法来帮助青少年走出困境、获得成长的社会工作服务就显得十分重要。社区是社会工作者开展青少年服务的一个重要场域。在社区青少年服务活动中，社会工作者可以帮助其认识及悦纳自己、正确处理情绪、建立朋辈支持网络、习得社会技能与规范、树立正确的三观等。在社区青少年服务的实践过程中，小组、社区工作是经常使用的方法，需要我们熟练掌握并灵活运用。

在评选出的 34 个优秀案例中，属于社区青少年活动的有"小实验 大道理"儿童兴趣小组、"挑战极限，突破自我"——儿童青少年历奇活动、"友你，友我"儿童成长小组、"青春自护，安全童行"安全教育小组活动、"我的时间我做主"青少年时间管理活动、"义起共成长"青少年志愿者实践小组活动、"童心议事，共话新湖"社区儿童议事员养成计划。以下介绍"童心议事，共话新湖"社区儿童议事员养成计划活动策划方案。

"童心议事，共话新湖"社区儿童议事员养成计划

1. 活动基本信息

活动名称："童心议事，共话新湖"社区儿童议事员养成计划

日期及时间：2022 年 8 月

对象及人数：8～15 岁青少年 30 人

地点：光明区新湖街道

人员安排：4 名社工，4 名义工，3 名辅助人员

2. 活动背景及理论/理念

（1）活动背景

2017 年 5 月 31 日，为响应深圳市委市政府"积极推动建设儿童友好型城市"号召，

以"同关注 童未来"为主题的儿童友好型城区建设系列行动正式启动。这一系列活动开启了光明区以"儿童参与，多元对话，共谋未来"为理念，通过搭建儿童参与的对话平台，让儿童发声，主动参与社区建设，同时协同各个部门与社会各界以真正看见儿童、听见儿童、服务儿童为行动目标的儿童友好型城区建设蓝图。

为进一步推进儿童友好街道、社区建设，推动儿童参与社区微治理，增强儿童参与社会公共事务的意识，围绕建设世界一流科学城和深圳北部中心，为辖区儿童提供平等对话的机会，探索建立儿童需求从表达到落实的全面流程、长效机制，新湖街道开展实施了"一米高度看社区"社区儿童使者养成计划。

（2）理论

地区发展模式是社区工作三大模式之一，是社区工作者协助社区成员分析问题，发挥其自主性的工作过程，目的是提高社区居民及社区团体对社区的认同，鼓励他们通过自助和互助解决社区问题。地区发展模式相信通过社区居民广泛的民主参与，便可达到解决问题和自助的目的。

儿童是家庭的希望，是民族的未来，更是社会的栋梁。儿童教育也是社区大部分家庭面临的重大问题之一。为营造共治共享共建的良好社区氛围，搭建健全儿童家庭服务体系，建设社区儿童参与工作机制，需要广泛发动社区儿童参与社区建设，最大限度地实现社区资源的共享共治，推进社会治理现代化，完善社会治理体制。要横向构建共治同心圆，纵向打造善治指挥链，增强推进社会治理现代化的向心力和制度执行力，建设人人有责、人人尽责、人人享有的社会治理共同体。

（3）需求分析

根据新湖街道各党群服务中心儿童领域需求调查报告和社区走访观察，新湖街道辖区 85% 以上的儿童对个人成长服务存在较大需求，为此，新湖街道将以儿童议事会为平台，在社区安全、社区文化、社区环境、社区垃圾分类等方面开展一系列儿童活动，为社区儿童营造一个尊重、友爱、支持、和谐的社区友好环境。

3. 活动目的及目标

（1）总体目标

搭建社区儿童议事会平台，建立完善的议事会管理制度，推动议事会规范管理与运作，提升社区儿童的社区事务管理与决策能力，发挥社区"主人翁"精神，积极参与社区治理。

（2）具体目标

① 组建 1 支儿童议事员队伍，学习沟通、调研、分享、宣传等社区议事知识，参

与社区议事活动。

② 开展儿童调研活动，增强儿童对社区环境观察的能力，形成 1 份社区议事提案。

③ 培养儿童参与社区议事的能力，支持儿童参与社区至少 1 处环境改造，营造适合儿童成长的社区环境。

4. 前期筹备

前期筹备包括人、财、事、物、宣传招募等方面事项的筹备，如表 8.10 所示。

表 8.10　前期筹备

序号	具体事项/物料	负责人	截止时间
1	与街道及社区党群服务中心沟通活动时间及场地	1 名社工	2022 年 7 月 5 日
2	撰写活动计划书	1 名社工	2022 年 7 月 10 日
3	策划活动宣传招募海报，设计服务宣传品	1 名社工	2022 年 7 月 15 日
4	发布招募海报	1 名社工	2022 年 7 月 16 日
5	制作服务宣传品（队旗、帽子、马甲）	1 名社工	2022 年 7 月 20 日
6	制作活动横幅、KT 板	1 名社工	2022 年 7 月 20 日
7	购买活动物资（活动礼品、用品）	1 名社工	2022 年 7 月 25 日
8	视察场地，人员具体分工	1 名社工	2022 年 7 月 30 日
9	议事活动开展	1 名社工	2022 年 8 月

5. 活动流程

活动流程如表 8.11 所示。

表 8.11　活动流程

序号	环节名称	具体活动内容	时长/分	所需物资	人员安排
1	"我眼中的新湖"绘画活动	热身游戏：学员们在一张白纸上画出自己的手掌印，然后分别在 5 个手指上写出以下信息：姓名、年龄、星座、学校、班级。在手掌上写下对新湖的居住印象，画完后向其他人展示，并找到 3 个跟自己有共同点的朋友	15	彩笔、大白纸	2 名社工+2 名义工
		"我眼中的新湖"：在热身游戏中，学员们已经写下了对新湖的一些居住印象，每个人可以选取自己喜欢的两三个关键词，然后按照这些关键词画一幅画	50	彩笔、白纸	2 名社工+2 名义工
		分享环节：每个学员分别向大家展示分享自己所画的作品，加深每一个人对新湖的印象，并讨论汇总理想的新湖画面	25	白板	1 名社工

续表

序号	环节名称	具体活动内容	时长/分	所需物资	人员安排
2	"童声共响"社区议事齐发声	热身活动：组织学员回顾上个环节的活动内容，根据要创造的理想的新湖居住环境，讨论目前居住环境中存在的一些问题	30	白板	2名社工+2名义工
		在引导师的带领下学习调研小技巧，针对新湖居住环境中目前存在的一些问题，如交通安全、垃圾分类、高空抛物、娱乐健身设施等问题，了解问题背后的形成原因及严重程度，并将学员分为A、B、C三个小组，每组约10名参加者，各小组分别走上街头，走进社区工作站、社区党群服务中心的各功能区，观察了解议题相关知识。在新湖街道三个社区开展调研实践活动，从儿童的角度寻找解决办法	60	计算机、投影仪	4名社工
		儿童代表根据调研观察到的信息深入讨论议题，制定更加完整的调研方案并分享最终结果	30	笔、白纸	4名社工
3	"童声议事"幸福新湖齐参与	我是小画家：学员在工作人员处抽选绘画主题，主题为调研后表决的五个议题；学员根据主题分组绘画（为避免绘画过程中出现学员的知识盲区，设置了对应的知识咨询处，该咨询处配备相关宣传折页）	60	彩笔、大白纸	4名社工+4名义工
		学员将画好的主题画跟大家分享，并拟定拉票口号，号召大家关注议题内容及结果改善，分享完之后，大家给不同议题的绘画投票	30	彩笔、大白纸	1名社工
		学员将主题画贴在宣传展板上，用1小时的时间向社区其他居民介绍议题内容，呼吁其他居民给该议题投票	60	宣传展板	4名社工
4	"小议题，大未来"社区议题共决议	根据前期的议题讨论和投票，学员们统计选出票数前三的议题，获评为优秀议题	15	彩笔、大白纸	1名社工
		按照"提出议题"—"调研分析议题"—"确认议题"—"提出解决方案"—"落实行动"的流程，学员们针对确认的3个议题采用"5H1W"思维工具，结合思维导图进行讨论，形成议题解决方案，放在"社区服务锦囊"里	60	彩笔、大白纸	4名社工
		学员们在"社区服务锦囊"中投票选出可以独立参与的一个议题解决方案，作为接下来的行动计划	15		1名社工

续表

序号	环节名称	具体活动内容	时长/分	所需物资	人员安排
5	"童参与·共治理"儿童议事员参与社区实践活动	学员们选择了"儿童友好空间建设"作为最终实践活动的议题,大家一致认为社区很多儿童场所的一些文字标识比较呆板,颜色单一,需要增添色彩,丰富内容,所以接下来会根据"社区服务锦囊"里提供的方案讨论分工行动	30	彩笔、大白纸	1名社工
		学员们在引导师的带领下,一起通过墙面描绘,以及增加安全内容提示牌等方式,给社区的两三个儿童场所改头换面,增添色彩	90	绘画工具	4名社工+4名义工+3名辅助人员
		带领活动参与者分享参与此次活动的感受,总结活动经验	15	意见反馈问卷	1名社工

6. 预计风险及应对措施

预计风险及应对措施如表 8.12 所示。

表 8.12　预计风险及应对措施

预计风险	应对措施
项目实施期间,执行人员出现工作变动,影响项目正常运行	项目执行团队成员之间加强沟通,确保项目期内工作人员的稳定性,如果有变动,则需要提前招募后备工作人员
项目实施期间,财力支持度不够,经费不足,影响项目正常运行	项目施行前期,反复确认项目资金支持,确保项目顺利开展
项目前期宣传不够,服务对象参与度不高	项目开展之前,加大宣传力度,确保更多服务对象知晓项目

7. 活动经费预算

活动经费预算如表 8.13 所示。

表 8.13　活动经费预算

序号	物资	单价/元	数量	小计/元	备注
1	证书	20	70 本	1 400	绘画征集活动
2	纪念品	50	35 份	1 750	
3	互动礼品	20	100 份	2 000	
4	奖品	1 000	1 批	1 000	优秀议题、优秀议事员
5	横幅	200	2 条	400	
6	志愿队队旗	200	1 条	200	
7	志愿者马甲、帽子	80	35 套	2 800	
8	KT 板	80	10 块	800	

序号	物资	单价/元	数量	小计/元	备注
9	议事会引导师	800	4 期	3 200	
10	学习资料	700	4 期	2 800	
11	饮用水	50	10 箱	500	实践活动
12	宣传展板	200	10 块	2 000	
13	物资运输	300	4 趟	1 200	
14	马克笔	50	10 套	500	
15	笔记本	20	35 本	700	
16	铅笔	20	5 盒	100	
17	橡皮	3	30 个	90	
18	大头笔	5	30 支	150	
19	签字笔	30	6 盒	180	
合计				21 770	

8. 活动评估

活动评估如表 8.14 所示。

表 8.14　活动评估

	评估内容	成效指标	评估方法及工具
目标达成情况评估	组建儿童议事员队伍，参与社区议事活动	组建 1 支 15 人以上的儿童议事员队伍	议事员名单
	开展儿童调研活动，增强儿童对社区环境的观察能力	开展 1 次社区调研活动，形成 1 份社区调研结果	社区调研报告
	学习沟通、调研、分享、宣传等社区议事知识，参与社区议事提案	开展社区议事能力培训，提交 1 份社区议事提案	社区议事提案
	满意度	80%的参加者对活动内容、形式、时间、地点、工作人员表现打分在 3 分及以上	满意度问卷调查
	出席率	参加者出席率在 85%以上	活动签到表

9. 活动照片

略。

10. 活动反思

（1）活动开展情况

活动参与者表现：参与者比较喜欢绘画，都能够积极地投入到活动中，在"我眼中的新湖"绘画环节,活动参与者都比较积极,跟着引导师的引导,专心绘画。在"社区议题画"拉票环节也吸引了不少居民参加,居民们积极投票并提出建议。整体来说,活动参与者充分体验到了主动发声并参与社区事务的活动效果。

工作人员表现:角色分工清晰,现场的带领和协助人员也能做好配合,让现场活动能按预期计划开展。

（2）活动存在问题

整个活动分为五个连续主题活动,而且分了不同时间段,有小部分活动参与者因个人原因不能持续参与活动,对活动的安排有轻微影响。

（3）工作人员反思

在"提出议题"环节,活动参与者比较积极投入,也能提出些有创意、新视角的问题。在"议题调研分析"环节,虽然安排了培训,但因参与者的年龄有差距,有些年龄较小的参与者觉得难度有点大,对此工作人员可以在跟培训老师对接时进行进一步深入沟通,将具体问题落实到位,针对参与者的特点来设计这部分内容,现场效果会更好。

11. **督导评语**

首先,在整场活动设计中,活动体验相对充分,融入绘画形式较多,表达方式比较适合儿童青少年这个群体,让他们有机会发声,从"提出议题"到"调研分析议题",再到"确认议题"及"提出解决方案",最后"落实行动",从设计到行动他们都全程参与,增强了他们参与社会公共事务的能力。同时,借助"议事会"的平台,让更多的儿童青少年能参与到社会事务中,也能将儿童友好的理念融入社区发展中,达到社区教育以及推动参与的目的。

8.4 社区老年人活动策划

第七次全国人口普查结果显示,中国 60 岁及以上人口（即老年人）已超过 2.6 亿人,占 18.7%,人口老龄化程度进一步加深,即将进入中度老龄化社会。因此,国家十分重视老年人服务的供给。老年人一直是社区重要的服务人群,每年针对老年人的社区活动也丰富多彩,如老年人生日会、兴趣学习小组、健康义诊、知识讲座等。同时,老年人因为时间充裕自由、结晶智力丰富等特点,也一直是社区活动的参与主力,也是社区建设与治理的重要力量。现阶段,社区老年人活动大多形式内容较为简单,主要是为了满足老年人的基本需要,服务的广度、深度及异质性需要进一步提升。同时,也要进一步增强老年人的主观能动性,真正实现"老有所乐、老有所为"。

在评选出的 34 个优秀案例中，属于社区老年人活动的有"居家添绿意 携手更美丽"社区老年人园艺种植活动、"我运动，我健康，我快乐"社区长者趣味运动会、"食健康·智发展"社区长者预防阿尔茨海默病小组活动、"未雨绸缪·耆步安稳"长者居家防跌倒讲座、"忆童年·共庆贺"社区长者生日会活动、"警惕新型骗局，防范养老诈骗"老年专题宣讲活动。以下介绍"未雨绸缪·耆步安稳"长者居家防跌倒讲座活动策划方案。

"未雨绸缪·耆步安稳"长者居家防跌倒讲座

1. 活动基本信息

活动名称："未雨绸缪·耆步安稳"长者居家防跌倒讲座

日期及时间：2019 年 4 月 25 日 9:30—10:40

对象及人数：社区退休长者 20 人

地点：社区活动室

工作人员：蔡远方

其他人员安排：2 名工作人员，1 名其他工作人员（行政辅助）

2. 活动背景及理论/理念

（1）活动背景

卫生部门 2016 年的数据显示，事故伤害为长者的第六大死因，而最常见的事故伤害为跌倒，60～69 岁老年人每年跌倒的发生率为 9.8%，70～79 岁为 15.7%，80 岁以上为 22.7%。可以看出，随着年龄的增长，老年人的跌倒发生率也随之增长。研究指出，长者跌倒地点高达 75%发生在家里或家附近，且长者跌倒一次之后再跌倒的概率将增加 2 倍。长者跌倒后除了身体受伤（如骨折、流血）外，也可能产生心理阴影，使得长者不愿外出活动，导致身体越来越虚弱，由此可见居家防跌倒的重要性。

（2）理论

社会学习理论认为，人的行为，特别是人的复杂行为主要是后天习得的。行为习得有两个不同的过程：一个是通过直接经验获得行为反应模式的过程，另一个是通过观察示范者的行为而习得行为的过程。社会学习理论所强调的是观察学习或模仿学习。在观察学习的过程中，人们获得了示范活动的象征性表象，并引导适当的操作。在此次讲座活动中，参加者通过观察和介绍了解长者防跌倒的重要性，以此提高自身的防跌倒意识；通过现场观察和参与学习防跌倒训练方法（平衡力锻炼方式）并加以练习，掌握其方法，提升自身居家防跌倒的能力，以此达到居家防跌倒的目的。

（3）需求分析

本中心社区在 2019 年长者群体社工服务需求调查过程中了解到，大多数调研对象表示家里并没有易跌倒的环境因素存在，虽然家中卫生间里没有扶手、防滑垫等，但他们认为这不是造成易跌倒的隐患，较多调研对象表现出居家防跌倒的意识不强、防跌倒能力不足的服务需求。

3. 活动目的及目标

（1）总体目标

提高社区长者防跌倒意识，提升社区长者居家防跌倒能力。

（2）具体目标

① 参与长者至少了解到 2 个关于跌倒的相关知识。
② 80%的参与者至少学会 2 种防跌倒的训练方法。

4. 前期筹备

前期筹备包括人、财、事、物、宣传招募等方面事项的筹备，如表 8.15 所示。

表 8.15　前期筹备

序号	具体事项/物料	数量	负责人	截止时间
1	制作活动宣传海报	1	蔡远方	2019 年 4 月 10 日—11 日
2	制作活动课件	1	蔡远方	2019 年 4 月 11 日—17 日
3	开展活动招募	1	蔡远方	2019 年 4 月 18 日—25 日
4	购买防跌倒训练道具	1	蔡远方	2019 年 4 月 17 日—18 日
5	购买居家防滑垫	20	蔡远方	2019 年 4 月 17 日—18 日

5. 活动流程

活动流程如表 8.16 所示。

表 8.16　活动流程

序号	环节名称	具体活动内容	时长/分	所需物资	人员安排
1	活动开展前的筹备	① 工作人员提前到达活动现场进行场地布置，如摆放桌椅、悬挂横幅、调试投影仪和计算机等，检查课件是否能正常运行。 ② 引导到达现场的参与者进行活动签到	15	桌椅、投影仪、计算机、横幅等	同工 A 摆放桌椅，蔡远方、同工 B 挂横幅、调投影仪，引导参与者签到

续表

序号	环节名称	具体活动内容	时长/分	所需物资	人员安排
2	活动主题引入	社工向参与者进行自我介绍及介绍此次讲座的主要内容及目的；邀请参与者分享对长者居家防跌倒的认识（重要性、如何预防跌倒等）。 访问提纲：在日常生活中有了解或听说过长者居家或在公共环境中跌倒的案例吗？您认为长者居家防跌倒的必要性如何？对于长者跌倒，您认为有哪些危害？您认为应该如何预防跌倒？	10	相机、参与者访问表	蔡远方主持活动、同工B拍照
3	防跌知识我知道	社工运用提前制作好的课件向长者介绍居家跌倒的危害、隐蔽性、易跌倒的因素等知识点。 ① 长者跌倒的危害： 躯体损伤：扭伤、脱位、积血、骨折、脑损伤等。 功能减退：肌肉萎缩、骨质疏松、过早死亡。 心理障碍害怕再次跌倒：跌倒—丧失信心—不敢活动—衰弱—更易跌倒。 继发损害：压疮、肺炎、静脉炎、尿失禁、终身残疾。 ② 长者易跌倒的影响因素及改善方法： 生理因素：随着年龄的增长，长者的各项生理机能逐渐下降，如视力、视觉分辨率、视觉的空间/深度感及视敏度下降，中枢神经系统的退变往往影响智力、肌力、感觉、步态及协同运动能力等，从而增加跌倒的危险性。 居住环境杂乱或地面、浴厕湿滑的改善方法：改善居家环境，移除障碍物；地面保持干燥并进行防滑处理（如放置防滑垫）；可在室内墙壁（尤其是浴厕）安装扶手，辅助行走；选择舒适的防滑鞋子（在课件中运用图片解释说明居家环境改善效果）。 听力或视力减退、对比敏感度受损、白内障等造成的视力功能不良易跌倒的改善方法：定期进行视力、听力检查，白内障、青光眼疾病就医诊治，佩戴老花镜、近视眼镜或助听器，并定期检查镜片度数或助听器分贝，室内保持温和明亮的灯光照明，夜晚预留小灯。 疾病或药物造成晕眩易跌倒的改善方法：按时就医，根据研究，调整药物使用4种以下，并逐渐调降药量，可减少跌倒的机会，特别提示	30	相机、《长者居家防跌倒》课件	蔡远方主讲防跌倒的相关知识、同工B拍照

序号	环节名称	具体活动内容	时长/分	所需物资	人员安排
3	防跌知识我知道	并指导晕眩药物等使用注意事项，特别注意胰岛素可引起血糖过低而导致晕厥，姿势性低血压常因晕眩造成跌倒，因此起身时需先坐稳、站稳或有支撑再行走。 关节、骨骼、肌耐力或心肺功能退化造成步态、平衡及移动能力变差的改善方法：因疾病所引起步态异常等，应就医诊治，必要时借助支架或拐杖等辅助器，维持均衡营养饮食，平时尽量保持愉快的心情，多摄取维生素 D 或钙质，维持骨质密度，养成每日运动的好习惯，增强或保持肌耐力、心肺功能。 天气因素：寒冷或酷寒的天气增加了跌倒风险，需要注意保暖，外出时注意安全。 ③ 跌倒后的应急处理： 不要急于挪动：因不了解患者受伤情况，恐造成二次伤害，及时拨打 120。 轻者局部冷敷：仅皮肉伤者，对红肿部位进行冷敷，禁止热敷和局部按摩，应抬高患肢，限制活动。 重者及时就医：骨折、意识丧失、精神或身体机能改变等应立即求救，及时就医			
4	防跌锻炼不可少	社工邀请参与长者分享自己了解的、认为有用的防跌倒的训练方法（如太极拳、舞蹈等）并说明原因。 社工现场向参与者介绍部分防跌倒训练方法（主要为平衡力训练）并进行练习，引导参与者在日常生活中常锻炼。 脚踝运动：所有长者围坐在椅子上，在椅子上坐直。不倚靠椅子，双臂交叉，双脚离开地面左右转动脚踝，紧接着在不依靠双臂的情况下尽可能快地站直和坐下，锻炼踝关节力量，做 1～2 次。 以下扎马步和单脚站立，长者可根据自己的兴趣选择其中一种锻炼方法进行练习。 扎马步：双脚外开 15°，与肩膀宽度相同，然后微微蹲下，双脚尖开始转向前，重心下移，逐渐蹲深，双脚开大，达到自己两脚直到三脚宽，双手由环抱变成平摆，手心向下，保持 30 秒。 单脚站立：双脚与肩同宽站立，双臂向前伸直，一只脚向后抬，膝部弯曲 45°，保持这一姿势 5 秒或者更长时间，重复练习 5 次，然后换另一腿，有所进步之后可以试试闭眼单脚站立。 方形踏步运动：地面放置方形踏步运动（跳格子）道具，长者可自由选择在上面跳格子练习	20	方形踏步运动（跳格子）道具、相机	蔡远方主持活动，同工 B 协助活动（如各锻炼环节协助参与者完成或解答疑问）、同工 A 拍照

序号	环节名称	具体活动内容	时长/分	所需物资	人员安排
5	活动反馈	社工现场邀请参与者分享参与此次讲座的感受与收获：在讲座中您认为最有用的知识点是什么？通过此次讲座您了解到了哪些关于跌倒的相关知识？您学会了哪些预防跌倒的训练方法或知识？计划在生活中怎么运用呢？对于此类讲座，您认为怎样开展会更好一点呢？ 社工总结并结束本次讲座，现场为参与长者发放居家防滑垫，以此激励长者积极改善居家环境，预防跌倒。 所有工作人员回收活动物资、清理活动现场	10	相机、参与者反馈记录表、居家防滑垫	蔡远方主持活动、同工 A 记录反馈意见、同工 B 拍照

6. 预计风险及应对措施

预计风险及应对措施如表 8.17 所示。

表 8.17　预计风险及应对措施

预计风险	应对措施
现场设有防跌倒锻炼环节，参与者的安全难保障	现场要求参与长者量力而行，选择适合自己的锻炼方式进行练习（切忌让长者认为是自己的身体不行所以做不了该锻炼），现场工作人员进行辅助以保障参与者的安全
社区长者对防跌倒的意识不强，讲座报名人数较少	扩大宣传，将活动海报放置在小区物业管理处，恳请其帮忙放置在居民楼栋下的宣传栏里进行宣传招募

7. 活动经费预算

活动经费预算如表 8.18 所示。

表 8.18　活动经费预算

序号	物资	单价	数量	小计/元	备注
1	横幅	50 元/条	1	50	自行购置
2	方形踏步道具	50 元/件	1	50	自行购置（现场游戏道具）
3	居家防滑垫	6 元/个	20	120	自行购置（防跌行动激励）
合计				220	

8. 活动评估

活动评估如表 8.19 所示。

表 8.19　活动评估

评估内容		成效指标	评估方法及工具
目标达成情况评估	参与者至少了解 2 种关于跌倒的相关知识	在活动结束，社工现场邀请参与者分享"通过此次讲座您了解到了哪些关于跌倒的相关知识？"时，社工通过现场统计到所有参与长者都能分享出 2 个或以上关于跌倒的相关知识（如危害、影响因素、改善方法等）	参与者分享、社工统计
	参加者至少学会 2 种防跌倒的训练方法	在社工邀请参加者分享"您学会了哪些预防跌倒的训练方法或知识？"时，社工通过现场统计到至少有 16 名参与者分享学会了 2 种或以上防跌倒的训练方法（如单脚站立、脚踝运动、踏步运动等）	参与者分享、社工统计
满意度		98%	社工观察
出席率		80%	活动签到表

9. 活动照片

略。

10. 活动总结与反思

（1）目标达成情况

社工在"参与者访问（反馈）记录表"中记录的长者分享及了解到关于跌倒的知识有踩稳、物放好、防滑鞋/垫、手电筒放手边、跌倒的应急处理。所有长者都能分享出 2～3 个训练方法（如脚踝运动、椅子操、太极等），并表示学会了椅子操、脚踝运动、扎马步等防跌倒训练方法。故本次活动的目标已达成。

（2）反思建议

通过团队工作人员反馈了解到：在开展此次讲座的过程中声音偏小（与部分参与者互动时）、未能与全体参与者互动（未全场走动互动），应在后续活动中尽量提高音量，必要时可运用话筒或扩音器；场地布置尽量方便走动，以便与参加者有更多互动，确保将活动知识点清晰地传递给参与者。

11. 督导评语

针对社区老年人防跌倒意识不强的情况开展此次活动，通过对老年人防跌倒重要性的讲解，提升老年人防跌倒意识。同时，讲解防跌倒的危害与防跌倒训练方法等内容，增强老年人的防跌倒能力，后续活动时可以在平衡力训练方面进一步加强，帮助老年人在日常生活中更好地应用。

8.5 社区志愿服务活动策划

志愿服务是指在不求回报的情况下，为改善社会、促进社会进步而自愿付出个人的时间及精力所作出的服务工作。尽管社区志愿者能够参与到社区方方面面的服务和治理工作中，尽力发挥其积极作用，但仍然需要社区工作者对社区志愿服务的策划、志愿服务队伍的培育和激励等方面进行综合考虑，确保志愿服务的可持续性。

在评选出的 34 个优秀案例中，属于社区志愿服务活动的有"巧手义加·爱心倍加"社区义集志愿服务、"大手拉小手"绿色光明宣传亲子志愿服务、"环保者联盟"亲子环保志愿服务活动、"结对·互助"社区志愿者与长者结对计划之端午节探访活动、"社区导赏，口述历史"青少年公益研学志愿服务、"爱心超市"社区志愿者激励计划。以下介绍"结对·互助"社区志愿者与长者结对计划之端午节探访活动策划方案。

"结对·互助"社区志愿者与长者结对计划之端午节探访活动

1. 活动基本信息

活动名称："结对·互助"社区志愿者与长者结对计划之端午节探访活动
日期及时间：2022 年 6 月 2 日 14:40—18:00
对象及人数：15 名志愿者，高龄空巢独居长者 20 名
地点：室内、长者家中
工作人员：5 名社工

2. 活动背景及理论/理念

（1）活动背景

随着我国人口老龄化加剧，空巢独居老人数量快速增长。据全国老龄办统计，目前我国有近三分之二的老人家庭出现空巢现象，其中包含不少独居老人。随着年龄的增加和身体机能的衰退，高龄空巢独居老人步履蹒跚，行动困难。他们想念自己的子女，却与子女远隔千里；他们向往沟通，却找不到诉说的对象；他们孤独寂寞，却只能独自坐在家中无奈地看着日升日落、云卷云舒。生活中时常有空巢独居老人花钱买假保健品，只为有人陪伴、有人说话。花掉所有养老金，对他们的养老造成了严重的威胁。可见，关注社区空巢独居老人，为他们提供陪伴及支持服务迫在眉睫。同时，随着志愿者队伍的不断壮大，其中不乏有爱心、有责任的志愿者愿意为老人提供志愿服务，他们就在社区，在老人的身边，只需要为他们提供一个机会、一个平台并加以引导，他们就能走近高龄空巢独居老人，为老人提供支持及陪伴志愿服务。

（2）理论

资产为本的社区发展模式强调内在取向及关系构建，其主要特点表现在三个方面：一是资产为本，即强调不是由社区问题或需要出发，而是由社区拥有的资产或优势出发来介入社区；二是内在取向，即强调社区居民自身参与社区发展的能力；三是关系构建，即强调居民和社团之间的接触，以及各种网络关系的建立。因此，本次活动我们从社区拥有的志愿者资产出发，去回应社区高龄空巢独居长者的需求，从社区内部出发构建志愿者与社区高龄空巢独居长者的关系，运用志愿者的力量更好地满足社区高龄空巢独居长者的陪伴及支持需求。

（3）需求分析

×社区有一支 15 人的义工队伍，他们积极参与社区的活动，常常协助社工开展一些社区活动，是社区很活跃的资源。在社区居民需求调研中，58.8%的被调研对象在义工队伍建设方面希望组织实施义工服务项目。同时，在义工骨干需求访谈中，义工骨干表示：动员大家一起帮助有需要的人，尤其是帮助身边的高龄长者，在节日时可以组织一起探访社区特殊群体。在过往的服务中，社工也邀请了一些志愿者一起探访社区高龄长者，为他们提供一些公益服务，获得他们的认可。社区今年共有 25 名高龄空巢独居长者，在需求访谈中，100%的长者愿意接受陪伴及支持服务。但社工时间精力有限，于是社工计划运用拥有的社区资产（志愿者）开展相关结对服务，促进志愿者与未结对的长者进行结对，提供陪伴及支持志愿服务。因此，在端午节来临之际，社工计划以节日探访为契机，引导社区志愿者与社区高龄空巢独居长者加深认识，促进志愿者参与到结对计划中，帮助有需要的高龄空巢独居长者。

3. 活动目的及目标

（1）总体目标

促进社区志愿者关注社区高龄空巢独居长者，引导志愿者与社区高龄空巢独居长者结对，提供志愿服务，满足其陪伴及支持的需求。

（2）具体目标

① 通过活动，80%的志愿者对社区高龄空巢独居长者的关注增加。
② 通过活动，10 名及以上志愿者愿意加入与长者结对志愿服务中。

4. 前期筹备

前期筹备包括人、财、事、物、宣传招募等方面事项的筹备，如表 8.20 所示。

表 8.20　前期筹备

序号	具体事项/物料	数量	负责人	截止时间
1	评估活动所需的物资，撰写经费申请表及申请活动经费	1 次	社工 1 名	2022 年 5 月 15 日
2	根据经费申请情况购买活动物资：探访品（包括粽子、米、油等）	20 份	社工 2 名	2022 年 5 月 29 日
3	根据活动内容制作活动宣传单页	1 张	社工 1 名	2022 年 5 月 29 日
4	通过多种渠道（微信群、QQ 群、粘贴宣传单等）宣传活动内容，提高居民对活动的知晓度。通过社区义工微信群、电话邀请等途径招募 15 名志愿者参与活动，保证活动能按计划开展	15 人	社工 2 名	2022 年 5 月 29 日—6 月 1 日
5	筛选探访名单，通过电访与社区高龄空巢独居长者沟通，根据长者的情况及意愿确定探访人员 20 人	20 人	社工 1 名	2022 年 5 月 30 日—6 月 1 日
6	准备活动所需物资：签到表	1 份	社工 1 名	2022 年 6 月 2 日
7	准备活动所需物资：签领表（发放物资需签领）	1 份	社工 1 名	2022 年 6 月 2 日
8	准备活动所需物资：电子横幅、笔、便利贴等	1 批	社工 1 名	2022 年 6 月 2 日
9	准备活动所需物资：活动反馈表	15 份	社工 1 名	2022 年 6 月 2 日
10	召开内部分工会议，讲解本次活动流程、目标及注意事项、每个工作人员负责的活动内容	1 次	社工 1 名	2022 年 6 月 2 日
11	提前熟悉活动流程及内容，列好活动分享提纲，必要时进行活动预演		社工 1 名	2022 年 6 月 2 日

5. 活动流程

活动流程如表 8.21 所示。

表 8.21　活动流程

序号	环节名称	具体活动内容	时长/分	所需物资	人员安排
1	做好准备	布置活动场地；引导志愿者签到入座	10	签到表 1 份、笔 2 支	社工 1 名
2	活动启程	社工进行自我介绍，并介绍活动的内容、流程及活动的目的，促进志愿者了解本次活动，提升参与活动的积极性	3		社工 2 名
3	相互认识，结对而行	目标：志愿者相互认识。 内容：社工引导参与者进行自我介绍，介绍内容包括但不限于姓名、平时喜欢做什么、家乡等，促进志愿者相互认识。 社工：进行示范，鼓励参与者进行自我介绍，促进参与者相互认识	5		社工 2 名

序号	环节名称	具体活动内容	时长/分	所需物资	人员安排
4	准备礼物 送上关怀	目标：志愿者成功为长者准备礼物。 内容：一起来准备爱的礼物。志愿者们一起准备探访社区高龄空巢独居长者的探访品。社工引导志愿者写下对探访长者的节日祝福。在准备过程中，社工引导志愿者相互沟通交流，营造轻松的活动氛围。 社工：讲解本环节内容，促进志愿者投入活动，适当给予示范	25	粽子20盒、米20份、油20桶、笔15支、便利贴2本	社工2名
5	关注他们，结对计划一起来	目标：促进志愿者对特殊长者的了解，提升志愿者参与结对志愿服务的积极性。 内容：社工讲解社区高龄空巢独居长者情况，并介绍社区开展的长者与志愿者结对的计划，促进参与者了解社区长者基本情况，增加志愿者对社区高龄空巢独居长者的关注，了解社区志愿者与长者结对计划，提升志愿者参与结对计划的积极性	15		社工2名
6	结对行动之旅	目标：志愿者在探访中增加对长者的了解。 内容：①社工讲解探访技巧及注意事项；②志愿者3人一组，由社工带领进行长者探访；③在探访中社工引导志愿者与长者相互认识，促进互动交流，达成初步结对意愿或计划。 志愿者：通过高龄空巢独居长者探访进一步增加对长者的了解，关注社区的高龄空巢独居长者。 社工：耐心讲解探访技巧及注意事项，鼓励志愿者与长者相互沟通，观察志愿者与长者的互动情况，处理突发情况	120	粽子20盒、米20份、油20桶、笔5支、签领表5份	社工5名
7	分享时刻	目标：参与者提升加入结对志愿者服务的意识。 内容：社工通过"4F"反思法引导志愿者进行分享，分享主题包括参与活动的经历、所见、感受、收获、今后计划等，如自己印象最深刻的事、参与探访的感受、自己与长者互动的感受及收获、是否增加了对长者的了解及关注、对结对计划的了解、今后怎样更多关注高龄空巢独居长者、参与结对计划的意愿及建议等。 通过分享评估活动的成效，促进志愿者增加对长者的关注，提升参与结对计划的意识	20		社工2名
8	活动我来评	发放活动反馈问卷，邀请志愿者填写	2	活动反馈问卷15份	社工1名

6. 预计风险及应对措施

预计风险及应对措施如表8.22所示。

表8.22 预计风险及应对措施

预计风险	应对措施
活动过程中志愿者不佩戴口罩,存在安全隐患	社工在活动前提醒大家佩戴口罩,做好消毒工作,强调安全问题,若有志愿者取下口罩,社工须及时引导其正确佩戴好口罩
志愿者不了解探访技巧,不知道怎样与长者沟通,存在志愿者与长者发生矛盾的风险	在探访前讲解探访中常用的技巧及注意事项,鼓励志愿者学习,做好活动分组,相互支持。在探访中社工及时给予引导及示范。确定探访名单时与长者进行沟通,引导长者知悉社工和志愿者组队探访事宜,获得长者的支持
报名人数过少,活动不能按计划进行	及时了解志愿者报名情况,宣传活动的意义,动员志愿者报名参与。必要时通过打电话的方式邀请积极志愿者参与到活动中
分享过程中志愿者沉默,分享积极性低	必要时社工提前进行分享演练,掌握多种引导分享技巧,根据活动现场情况灵活使用。同时,社工可提前熟悉分享内容,做好准备,必要时提供支持
申请经费多,存在经费审批不通过的风险	提前准备可整合的资源清单,发生经费审批不通过或经费减少时,可及时与各资源方联系进行资源整合,以获得最大的支持

7. 活动经费预算

活动经费预算如表8.23所示。

表8.23 活动经费预算

序号	物资	单价/元	数量	小计/元	备注
1	粽子	100	20盒	2 000	
2	米	100	20袋	2 000	
3	油	100	20桶	2 000	
4	水	50	1箱	50	
合计				6 050	

8. 活动评估

活动评估如表8.24所示。

表 8.24　活动评估

评估内容		成效指标	评估方法及工具
目标达成情况评估	认知层面:志愿者通过活动对社区高龄空巢独居长者的关注有所增加	通过观察,至少 12 名志愿者在探访中能积极主动与高龄空巢独居长者互动交流,了解长者们的基本情况。在分享中,志愿者能够说出自己观察到长者的至少 1 个特征,并表示能够通过活动开始关注他们。活动反馈问卷显示"我通过活动对社区高龄空巢独居长者的关注增加"得分在 3 分及以上,目标达成	观察法、问卷法（活动反馈问卷）
	态度层面:志愿者通过活动愿意加入义工与长者结对志愿服务中	通过观察,至少 10 名志愿者在本次活动中能够通过自己的行动为社区高龄空巢长者准备礼物,积极参与到探访中。至少 10 名志愿者表示今后愿意加入义工与长者结对计划中。活动反馈问卷显示"我通过活动愿意加入义工与长者结对计划中"得分在 3 分及以上,目标达成	观察法、问卷法（活动反馈问卷）
满意度		80%及以上的志愿者对活动的形式、内容、时间、地点的满意度得分在 3 分及以上	活动反馈问卷
出席率		至少 15 名志愿者出席;探访社区高龄空巢独居长者 20 人	签到表

9. 活动总结与反思

（1）活动总结

本次活动按计划顺利开展,成功招募了 15 名志愿者一起探访社区 20 名高龄空巢独居长者。在活动过程中,大部分志愿者与长者积极互动交流,个别志愿者在第一次探访时不了解与长者交流的话题,交流过程中出现沉默阶段,此时,社工及时进行引导和示范,很好地促进了志愿者与长者的互动交流,达成了结对的初步意愿。通过活动的开展,志愿者与长者之间的熟悉度增加,志愿者对社区高龄空巢独居长者的认识增加,有 14 名长者现场与志愿者达成结对服务的初步意愿。通过对长者的认识,志愿者更加愿意参与到社区助老结对计划中,为社区高龄空巢独居长者提供陪伴及支持志愿服务。

（2）反思建议

通过本次活动,志愿者与长者之间的熟悉度提升,后期社工需要跟进,根据志愿者的意愿促进志愿者与长者完成结对帮扶计划,搭建长者支持网络,根据长者的需求提供陪伴、支持、代购等服务。

10. 督导评语

社工在本次探访活动中扮演使能者、教育者、资源链接者、支持者等角色，通过链接整合社区志愿者资源，发挥他们的优势，为社区高龄空巢独居长者提供关爱服务。通过开展探访技巧培训，提升志愿者的服务能力，促进志愿者与长者的良好互动和交流；通过帮助志愿者增加对社区高龄空巢独居长者的认识，提升志愿者参与结对帮扶的积极性，最终有 14 名长者与志愿者达成结对服务的初步意愿。本次活动为社区高龄空巢独居长者建立了一个社会支持网络，营造了邻里互助的良好氛围。

8.6　社区议事活动策划

社区党群服务中心是各级党组织组织、宣传、凝聚、服务党员群众的重要阵地，是基层组织办公议事、开展活动的重要平台。随着社区党群服务中心阵地的广泛覆盖，社区工作者需要充分发挥好阵地的作用，通过各色各样的党群服务将党的温暖送到有需要的地方，充分听取群众意见和讨论社区大事小事，凝聚和促进群众参与，共同构建和谐善治的社区氛围。

在评选出的 34 个优秀案例中，属于社区议事活动策划的是民事"义"起来——社区义工积分管理制度议事会。以下介绍该活动的策划方案。

民事"义"起来——社区义工积分管理制度议事会

1. 活动基本信息

活动名称：民事"义"起来——社区义工积分管理制度议事会

日期及时间：2022 年 6 月 26 日 14:30—17:00

对象及人数：社区居民 40 名

地点：社区工作站 307 会议室

工作人员：陈壮娟

其他人员安排：5 名工作人员，2 名义工

2. 活动背景及理论/理念

（1）活动背景

党的十八届三中全会首次提出"社会治理"的全新概念，党的十九大提出打造共建共治共享的社会治理格局，党的十九届四中全会提出建设社会治理共同体，党的十九届

五中全会明确了"十四五"期间的社会治理创新任务和 2035 年社会治理创新的远景目标。2020 年 8 月 24 日，习近平在经济社会领域专家座谈会上的讲话中强调，"要完善共建共治共享的社会治理制度，实现政府治理同社会调节、居民自治良性互动，建设人人有责、人人尽责、人人享有的社会治理共同体"。

（2）理论

《罗伯特议事规则》的根本原则是平衡、权力制约、多数原则、辩论原则、集体的意志自由。在议事过程中，社工保持中立，引导居民遵守《罗伯特议事规则》，对社区义工积分管理制度进行议事，保障议事过程公正透明，提升议事效率。

社会互动理论认为，群体活动和社会过程是以互为条件和结果的社会行动为基础的。当相关双方相互采取社会行动时就形成了社会互动。社会互动也称社会相互作用或社会交往，它是人们对他人采取社会行动和对方作出反应性社会行动的过程，即我们不断地意识到我们的行动对别人的效果，反过来，别人的期望影响着我们自己的大多数行为。它是发生于个人之间、群体之间、个人与群体之间相互的社会行动的过程。社会互动是人类存在的重要方式，通过此次议事，初步制定社区义工积分管理制度，搭建社区居民互动平台，提升社区居民的社区归属感和责任感。

（3）需求分析

社区面积 9.35 平方公里，有凤凰、茶林、红坳 3 个自然村（已搬迁），常住人口约 1.2 万人，其中户籍人口 644 户、2214 人，非户籍人口约 1 万人，户籍人口中归侨侨眷 458 户、1588 人，占户籍人口的 72%。据了解，社区居民受限于文化地域，在社区治理中的服务意识、服务能力、资源挖掘、协调及整合能力都较为薄弱。为不断健全完善社区治理服务机制，激发社区居民以及社区其他资源参与社区社会治理的热情，社区党群服务中心建立了社区居民议事会。社区居民议事会是一个旨在推动社区居民、社区工作站、企业及其他相关方沟通、交流、协商的平台，通过有序的民主协商，形成最大限度地代表社区居民共同意愿的、较为可行的行动议案，并反馈给相关方。由议事员代表和社区居民组成专项监督小组，跟踪议事会提出的行动议案的执行情况，并向议事会及社区居民反馈。

为有效地使用义务资源，保证义工队伍素质，进一步推动义务工作规范化、制度化，深圳市义工联合会制定了《深圳市义务工作者（志愿者）联合会会员管理办法》。为进一步调动社区义工的积极性、激励社区积极义工及义工带头人、推动社区义工队伍健康有序良好发展，拟通过开展此次社区义工积分管理制度（初稿）议事活动，增强社区居民的社区自治能力，提升社区居民的社区"主人翁"意识及社区归属感。

3. 活动目的及目标

（1）总体目标

增强社区居民的社区自治能力，提升社区居民的社区"主人翁"意识及社区归属感。

（2）具体目标

① 80%的参与者掌握至少1种议事方法，议事能力得到提高。
② 形成1份社区义工积分管理制度初稿。

4. 前期筹备

前期筹备包括人、财、事、物、宣传招募等方面事项的筹备，如表8.25所示。

表8.25 前期筹备

序号	具体事项/物料	数量	负责人	截止时间
1	撰写活动计划书	1份	1名社工	5月23日
2	收集整理其他地区有关社区义工积分管理制度材料并打印	1份	1名社工	5月30日
3	制作电子版招募海报	1份	1名社工	5月30日
4	招募参与者，确定参与人员	40人	1名社工	6月6日
5	招募义工	2名	1名社工	6月6日
6	组建活动微信群	1个	1名社工	6月6日
7	按照预算表采购活动物资	1份	1名社工	6月10日
8	确定当天工作人员名单	1份	1名社工	6月20日
9	撰写活动分工明细表	1份	1名社工	6月20日
10	召开活动分工会	1次	1名社工	6月23日

5. 活动流程

活动流程如表8.26所示。

表8.26 活动流程

序号	环节名称	具体活动内容	时长/分	所需物资	人员安排
1	布置场地，确保活动顺利开展	① 按照8人围成一桌（共5桌）布置现场；② 布置主持台，包括音响设备、PPT等调试工作；③ 将所有活动物资运到活动现场	20	矿泉水、白板笔、大白纸、彩笔、便条贴、彩纸	5人（现场布置）
2	签到	签到，按抽取盲盒小球（红、黄、黑、绿、白各8个）形式进行分组。参会居民共分为5组，每组8人	5	抽奖箱、抽奖小球、签到表	2人（签到及引导）

序号	环节名称	具体活动内容	时长/分	所需物资	人员安排
3	活动开始	① 主持人进行自我介绍,并介绍本次议事的议题、目的、参与人员结构及参与形式。义工积分管理制度共分为 4 项主要内容,分别是积分对象和积分用途、积分认定及扣分情况、积分兑换形式、积分表彰及其他情形。此次议事将对这 4 项内容进行讨论,并形成"社区义工积分管理制度初稿"。② 各组服务人员派发议事物资。③ 各小组通过讨论起组名,选定小组汇报组长、记录员、观察员并由小组组长进行小组介绍,以此达到破冰、提升小组凝聚力的目的。④ 学习《罗伯特议事规则》的相关操作方法及内容	30	白板笔、大白纸、彩笔、便条贴、义工积分机制参考内容	4 人(1 人主持、2 人派发物资、1 人负责拍照及应急)
4	第一议题:积分对象和积分用途 第二议题:积分认定及扣分情况	第一议题:各小组以《罗伯特议事规则》为操作守则,通过讨论的形式,由记录员利用大白纸写下可以参与社区义工积分的情况及积分用途并进行汇总。小组组长对讨论情况进行归纳并汇报,由总登记员汇总并归纳出最多被提出的两项内容,当出现相似数量时,成员举手表决。第二议题:各小组以《罗伯特议事规则》为操作守则,通过讨论的形式,由记录员利用大白纸写下积分认定及扣分情况并进行汇总。小组组长对讨论情况进行归纳并汇报,由总登记员汇总并归纳出最多被提出的两项内容,当出现相似数量时,成员举手表决	30	白板笔、大白纸、彩笔、便条贴、义工积分机制参考内容	4 人(1 人主持、1 人负责总登记、1 人负责拍照、1 人负责管理物资)
5	茶歇	议事会居民茶歇,工作人员整理第一、第二议题初稿	15	蛋糕、水果切盒、大可乐、饼干和糖果	3 人(1 人负责整理第一、第二议题初稿,2 人负责茶歇秩序)
6	第三议题:积分兑换形式 第四议题:积分表彰及其他情形	第三议题:各小组以《罗伯特议事规则》为操作守则,通过讨论的形式,由记录员利用大白纸写下日常积分兑换形式及可以兑换的物资,如兑换生活用品、兑换油米等形式,并以表格形式进行汇总。小组组长对讨论情况进行归纳并汇报,由总登记员汇总并归纳出最多被提出的内容,当出现相似数量时,成员举手表决。第四议题:各小组以《罗伯特议事规则》为操作守则,通过讨论的形式,由记录员利用大白纸写下积分季度或年度表彰时占有的比例以及其他形式进行的汇总。小组组长依次对讨论情况进行归纳汇报,由总登记员汇总并归纳出最多被提出的两项内容,当出现相似数量时,成员举手表决	35	白板笔、大白纸、彩笔、便条贴、义工积分机制参考内容	4 人(1 人主持、1 人负责总登记、1 人负责拍照、1 人负责管理物资)

序号	环节名称	具体活动内容	时长/分	所需物资	人员安排
7	茶歇	议事会居民茶歇，工作员整理第三、第四议题初稿	15	面包、水果切盒、大可乐、饼干和糖果	3人（1人负责整理第三、第四议题初稿，2人负责茶歇秩序）
8	义工积分制度初稿	① 主持人通过PPT展示部分讨论照片、义工积分管理制度初稿。 ② 以全员举手表决的形式确认是否通过社区义工积分管理制度初稿内容	20	计算机、U盘	2人（1人主持、1人拍照）
9	结语、合影	对参与本次议事的居民进行激励并表示感谢，最后合影	15	相机	2人（1人主持、1人拍照）

6. 预计风险及应对措施

预计风险及应对措施如表8.27所示。

表8.27　预计风险及应对措施

预计风险	应对措施
居民意见不同起冲突	强调议事原则，所提出的内容无论是否被采纳，都会得到良好的反馈

7. 活动经费预算

活动经费预算如表8.28所示。

表8.28　活动经费预算

序号	物资	单价	数量	小计/元	备注
1	蛋糕	600元/个	1	600	
2	面包	10元/个	50	500	
3	水果切盒	120元/盒	6	720	
4	饼干	20元/包	4	80	
5	糖果	20元/包	4	80	
6	大可乐	7元/瓶	6	42	
7	大白纸	30元/包	1	30	
8	彩纸	10元/包	1	10	
9	彩笔	40元/盒	5	200	
10	白板笔	40元/盒	3	120	
11	便条贴	10元/包	5	50	
12	矿泉水	40元/箱	4	160	

序号	物资	单价	数量	小计/元	备注
13	抽奖箱	200 元/个	1	200	
14	抽奖小球	3 元/个	50	150	
15	税管费用	300 元/次	1	300	
	合计			3242	

8. 活动评估

活动评估如表 8.29 所示。

表 8.29　活动评估

评估方法	成效指标	评估方法及工具
过程评估	① 通过观察与访谈，从参与议事成员的出席率来看，各成员的投入程度较好、总结访谈大部分积极性高，分组组员通过小组讨论对各议题有较完整的认识，逻辑思维得以提升。 ② 满意度调查问卷结果显示，80%以上的议事居民认为自己的议事能力提升了，至少掌握了 1 种议事方法	观察与访谈、调查问卷
结果评估	"形成 1 份义工积分管理制度初稿"得以完成	活动记录表
目标达成评估	在派发的参加者活动反馈表中，80%以上的参加者认为此次活动总目标"增强社区居民的社区自治能力，提升社区居民的社区'主人翁'意识及社区归属感"得以实现，分数较高	调查问卷

9. 活动照片

略。

10. 活动总结与反思

此次将义工积分管理制度作为议事内容，邀请社区居民对其进行讨论决议，有效地提升了居民的社区责任感和社区归属感。同时，在活动过程中，社工通过知识植入（议事原则）、过程引导、保持公正和中立等方式，提升了社区居民的议事能力。义工积分管理制度（初稿）汇聚了议事成员的心血，活动内容紧扣活动目标，使目标较好地达成。但在议事过程中，社区居民的知识面、议事考虑角度较为多样，需要社工有较好的专业基础和议事经验；在议事过程中需要快速形成结果，因此也存在一定的压力。在此后有相应议事活动时，拟适当缩减议事会成员，提升议事效率。

11. 督导评语

采用居民议事会的形式来初步拟定义工积分管理制度，做法比较新颖。但在参与人员的组成上，要尽可能地保持多元且有意识地进行甄选（如义工骨干、居民领袖、普通义工、义工管理机构人员等），由此收集的意见才会充分，初稿的质量才有保证。在活动开展过程中，对《罗伯特议事规则》的根本原则和操作方法的学习至关重要，因此，此部分要精心准备，社工可以自己先行学习实践，待掌握后再进行知识传输，以确保活动成效。最后，一项制度的形成和出台，需要有多轮的议事会商议决策，社工要做好打持久战的准备。

8.7 社区党群服务活动策划

社区基层党组织及党员干部直接联系群众、组织动员群众、宣传教育群众、服务群众以及党员群众共同行动等均属于社区党群服务活动。通过开展社区党群服务活动，能充分调动党员干部、群众的积极性和主动性，发挥党建示范引领作用，进一步提升基层党组织的组织力、凝聚力和战斗力，增强群众的主人翁意识、归属感和幸福感，激发群众的内生动力，营造和谐的党群关系，推动社区的良性发展。社区党群服务活动需要社区工作者立足实际情况，充分发挥党建引领作用，关注重点服务领域、人群和事项，引导和带领群众一起行动，共创美好家园。

在评选出的 34 个优秀案例中，属于社区党群服务活动的有"学党史·送温暖"社区比邻公益集市活动、党建引领促消费 社工参与经济兴——"疫"情下社会工作参与社区治理活动、双工助力微心愿活动。以下介绍双工助力微心愿活动策划方案。

双工助力微心愿活动

1. 活动基本信息

活动名称：双工助力微心愿活动

日期及时间：2022 年 10 月 20 日—11 月 20 日

对象及人数：社区特殊、困境家庭（个人）20 个

地点：户外

工作人员：段争鸣

其他人员安排：5 名工作人员，10 名义工

2. 活动背景及理论/理念

（1）活动背景

社区特殊、困境家庭（个人）属于社会网络资源不足或者利用社会网络的能力不足

的群体，他们往往因疾病、残疾、劳动能力不足等情况造成自身及家庭陷入困境，处于社会边缘地位。从社交方面来看，该群体社交圈子较小，信息来源少，他们活在自己的世界中，不大愿意结识新朋友；从心理方面来看，该群体的人生经验使其无法应对困境，容易出现较负面的情绪，产生无用感。社工有必要针对这类群体的实际情况，整合资源、挖掘潜力，给予精神慰藉和心理抚慰，唤醒他们对生活的热爱，使他们感受到社区的关爱和温暖，提升他们的幸福感，故开展双工（社工、义工）助力微心愿活动，为他们提供必要的生活物资及生活服务，扩展他们的社会网络资源，提高他们利用社会网络的能力。

（2）理论

社会支持理论源自鲍尔拜的依附理论。每个人的一生都会遭遇一些可预期和不可预期的生活事件，在遭遇生活事件时，需要资源以回应问题。社会支持网络分为有形的资源支持和无形的资源支持，其中有形的资源支持包括物质或金钱的支持和援助，而无形的资源支持多半属于心理、精神上的，如鼓励、安慰、嘘寒问暖、爱及情绪上的支持等。社会支持的增加会使人们的心理及心理健康显著提高，适当的支持可以缓解压力，降低不良影响。

本次微心愿活动中探访的民政兜底保障对象，多因年龄高、意外事故、先天限制等多种因素导致其生活出现限制和部分困境，他们对于物资和情绪以及信息资源方面有需求，因此社工通过探访慰问+微心愿实现的方式，表达社区关爱，提供物资和情绪支持，提供政策信息咨询，链接所需要的资源，扩展其社会支持网络。

（3）需求分析

据社工了解，本社区存在数十个特殊、困境家庭（个人），具体包括90岁以上高龄失能老人、空巢老人、因病致残致病的老人，残疾人爱心企业，发育迟缓儿童家庭，低保及低收入家庭，癌症患者家庭等人群，他们的需求有所不同。

在这些特殊、困境家庭（个人）中，属于中高收入家庭的，如90岁以上高龄老人、空巢老人、因病致残致病的老人，发育迟缓儿童家庭，有家人或有护工照顾，更多倾向于信息政策的需要以及情感慰藉和关怀的需要；因病致困的癌症患者家庭、残疾人工友、低保及低收入家庭，更多需要有形的资源支持，如常用的生活物品（被子、微波炉、洗衣机、衣物）等。因此，本活动采用双工联动的思路，针对目标群体进行一对一的探访关爱工作，同时为保障关爱服务质量，会为参与的志愿者提供能力支持。

3. 活动目的及目标

（1）总体目标

提升社区内的特殊、困境家庭（个人）的归属感和幸福感，让他们感受到社区的关爱和温暖，缓解压力，扩展其社会支持网络。

（2）具体目标

① 通过走访，收集并助力 20 个社区特殊、困境家庭（个人）达成其微心愿。

② 80%的社区特殊、困境家庭能够感受到服务温暖，对本次活动的满意度为 90%以上。

4. 前期筹备

前期筹备包括人、财、事、物、宣传招募等方面事项的筹备，如表 8.30 所示。

表 8.30　前期筹备

序号	具体事项/物料	数量	负责人	截止时间
1	制作微心愿征集小程序发送至社区居民群，并对本活动进行宣传，征集特殊、困境家庭（个人）的微心愿	1	段争鸣	2022 年 10 月 24 日
2	评估心愿名单，向社区党委申请微心愿活动经费	20 份	段争鸣	2022 年 10 月 24 日
3	招募参与活动的义工	10 人	段争鸣	2022 年 10 月 24 日
4	制作招募义工海报并张贴至社区宣传栏，向社区居民进行宣传	10 张	段争鸣	2022 年 10 月 24 日
5	工作人员从社区工作站民政办公室、各小区物业处收集部分特殊、困境家庭（个人）的名单	50 人	段争鸣	2022 年 10 月 28 日
6	依据心愿明细采购微心愿清单	20 份	段争鸣	2022 年 10 月 29 日

5. 活动流程

活动流程如表 8.31 所示。

表 8.31　活动流程

序号	环节名称	具体活动内容	时长	所需物资	人员安排
1	汇集微心愿	汇总微心愿征集小程序后台和其他渠道收集的信息，按照居住地点做好信息一览表；电话预约探访时间，制作双工入户探访计划表	7 天	微心愿汇总表、入户探访计划表	2 名工作人员
2		双工入户探访、核实特殊、困境家庭（个人）的情况，确认微心愿需求，并做好登记工作	7 天	探访慰问品、工作马甲、鞋套、宣传单、义工签到表	5 名工作人员、10 名义工
3	点亮微心愿	通过议事的形式，双方共同讨论、筛选所收集到的微心愿，并联合义工进行入户探访培训	2 小时	培训讲义、大白纸、记事本、彩笔、活动签到表	5 名工作人员、10 名义工
4	圆梦微心愿	为需要生活物资的社区居民购买生活物资，为需要其他服务的社区居民提供相应支持和服务	7 天	心愿卡、物资签收表、义工签到表	5 名工作人员、10 名义工

6. 预计风险及应对措施

预计风险及应对措施如表 8.32 所示。

表 8.32　预计风险及应对措施

预计风险	应对措施
社区居民拒绝入户探访	介绍活动目的，了解其拒绝探访的理由，可改变探访方式，如由其熟人带领、电话访谈、约定地点见面等
高龄社区居民不会讲普通话，或者听不懂普通话	在电话预约入户时，了解其语言习惯，提前招募会方言的义工，义工可协助工作人员与其交流
社区居民的微心愿难以实现	与其商讨，采用操作性强、可实现的微心愿计划，进行适当引导

7. 活动经费预算

活动经费预算如表 8.33 所示。

表 8.33　活动经费预算

序号	物资	单价/元	数量	小计/元	备注
1	入户探访物资	20	30 份	600	毛巾、雨伞、洗手液等生活物资
2	微心愿物资	300	20 份	6 000	资助特殊、困境家庭（个人）的物资或者服务费用，最终费用以实际结算为准
合计				6 600	

8. 活动评估

活动评估如表 8.34 所示。

表 8.34　活动评估

评估内容		成效指标	评估方法及工具
目标达成情况评估	帮助社区特殊、困境家庭（个人）完成微心愿	帮助 20 个社区特殊、困境家庭（个人）完成微心愿	现场观察、活动反馈表等
	社区特殊、困境家庭（个人）对本次活动的满意度	80% 的特殊、困境家庭（个人）对本次活动的满意度为 100%	现场观察、活动反馈表等
	满意度	80%	活动反馈表
	出席率	100%	签到表

9. 活动照片

略。

10. 活动总结与反思

通过本次走访活动，社工对社区内的高龄老人、重疾老人、残疾人、特殊儿童有了初步摸底和接触，深感他们特别需要社区的关爱，也向他们传递了社区党委的关爱和社工服务，累计筹集资金 5000 元，帮助他们实现了购买棉被、收集纸壳、每月能出一次门、添置二手洗衣机、学习制作视频等微心愿，虽然本次活动的覆盖面有限，但非常有意义。

在活动执行过程中善用社区资源，采用了 1 名社工+1～2 名义工的配置进行入户探访，并且尽量招募与探访对象居住在同一小区的义工来协助。通过志愿者微心愿议事等形式共同探讨对探访对象心愿实现的方式和后续服务的可能性，既保障了本次活动的顺利完成，也为持续服务提供了保障。

本次探访为初次对社区特殊人群的接触，居民的信任度不高，因此更多聚焦在心愿完成和初步需求收集层面，后续需要继续深化。

11. 督导评语

本次活动回应了社区特殊、困境家庭（个人）的实际需求，结合社会支持网络理论的指导，给予弱势群体以关注和关爱。

本次活动在环节设计中能够深入实际，从社区居民网络征集到通过民政办公室、小区物业等渠道收集弱势群体信息，再到有针对性地招募同小区的义工协助入户、对义工进行培训、对收集的微心愿进行议事筛选，在逐层渗透中体现逻辑层次，体现了社区关爱、社会支持，受到了弱势群体的好评。后续可以持续此类活动并进一步深化。

第9章 常见游戏活动卡

　　游戏是社区活动中常用的一种互动方式，更是社区工作者达成社区活动目标的一种重要媒介。游戏不是社区活动的必需，但可以为社区活动增添趣味性和互动性。社区活动中常见的游戏可分为破冰、放松、人际交往、团队合作、自我探索、情绪训练、沟通练习、家庭关系八大类，通常以游戏卡的形式呈现，包括游戏名称、游戏规则、游戏流程等。为了帮助读者认识和掌握更多不同类型的游戏操作方法并能够运用在实际工作中，本书整理了 12 种常见的游戏活动卡，限于篇幅，本章仅介绍亲子沟通游戏——穿越丛林活动策划方案，其余案例可以通过登录科学出版社职教技术出版中心网站 www.abook.cn 查阅或下载。

实践学习目标

1. 了解社区活动常用游戏类型。
2. 了解社区活动游戏的考虑要素。
3. 了解深圳社区活动游戏的经验做法。

亲子沟通游戏——穿越丛林

1. 活动目的

穿越丛林游戏主要是通过穿越障碍，让亲、子之间有机会训练有效的沟通，共同完成到达终点的目标。在游戏过程中，家长的眼睛被蒙住，家长完全依赖孩子的语音引导，也给予孩子自信心，打破了孩子听家长说的状态，使亲子关系更加亲密。

2. 活动规则

① 每对亲子为一组，家长佩戴眼罩后背上孩子站在起点。

② 主持者说开始后，家长开始背上自己的孩子从起点穿越丛林，孩子通过语音引导家长穿越丛林中的障碍，到达终点则挑战成功。

③ 在互动中，家长需要听从孩子的引导，全程不可摘下眼罩，如有违规则需从头开始。

④ 按照挑战成功的先后顺序，对每组家庭进行不同的奖励。

3. 活动流程

① 带领者划围丛林区域（需要提前在户外踩点），或者在室内设置好穿越障碍物。

② 集合参与互动亲子家庭，宣布项目名称、项目目标、项目规则。

③ 将每对亲子划分为一组，并将眼罩分发给家长。

④ 带领者讲解规则、奖励措施和注意事项。

⑤ 带领者下达口令"开始"，每对亲子开始出发。1 名活动助理监控亲子家庭是否违规，1 名活动助理在终点等候，登记挑战成功的亲子家庭顺序。

⑥ 活动结束后，参与者一起分享，并按先后顺序予以口头或物质奖励。

4. 活动照片

略。

参 考 文 献

丁建国，2018. 精神文明建设细胞学[M]. 北京：文化发展出版社.

方巍，祝建华，何铨，2012. 社会项目评估[M]. 上海：格致出版社.

韩晓燕，费梅苹，2017. 正面成长：青少年社会工作案例研究[M]. 上海：华东理工大学出版社.

何利华，程晓琼，2021. 绿色中国：自然教育实践手册[M]. 北京：科学出版社.

何维，刘静林，2017. 广东省社会工作创新项目设计大赛获奖项目汇编[M]. 长春：吉林人民出版社.

黄源协，2018. 社会工作管理[M]. 上海：华东理工大学出版社.

黎熙元，黄晓星，2017. 现代社区概论[M]. 3 版. 广州：中山大学出版社.

李全彩，夏晋城，2016. 社会救助服务研究[M]. 徐州：中国矿业大学出版社.

林昱，2013. 社区交际与活动[M]. 上海：上海科学技术文献出版社.

卢湾区社区研究所，2008. 城市社区读本[M]. 上海：上海人民出版社.

马良，2019. 老年社会工作服务嵌入健康老龄化：浙江省特殊困难老人社会工作服务示范项目报告及优秀案例[M]. 杭州：
浙江工商大学出版社.

马震越，肖丹，2017. 社会救助：社会工作服务指南[M]. 北京：中国社会出版社.

全国社会工作者职业水平考试教材编写组，2023. 社会工作实务：中级[M]. 北京：中国社会出版社.

全国社会工作者职业水平考试教材编写组，2023. 社会工作综合能力：中级[M]. 北京：中国社会出版社.

苏宝炜，李薇薇，2016. 互联网+：现代物业服务 4.0[M]. 北京：中国经济出版社.

王斌，2008. 社会工作概论[M]. 北京：中央广播电视大学出版社.

徐玉凤，董亚辉，2006. 项目进度管理[M]. 北京：对外经济贸易大学出版社.

杨成，2007. 历奇教育[M]. 广州：广东人民出版社.

张和清，等，2016. 社区为本的整合社会工作实践：理论、实务与绿耕经验[M]. 北京：社会科学文献出版社.

张丽艳，2020. 城市社区居家养老生态服务系统研究[M]. 上海：上海交通大学出版社.

赵芳，2015. 小组社会工作：理论与技术[M]. 上海：华东理工大学出版社.

郑轶，2018. 社区活动策划与组织实务[M]. 成都：西南交通大学出版社.

周亮，2019. 好店长必修课[M]. 北京：企业管理出版社.

邹益民，陈业玮，陈俊，2017. 酒店餐饮管理[M]. 武汉：华中科技大学出版社.